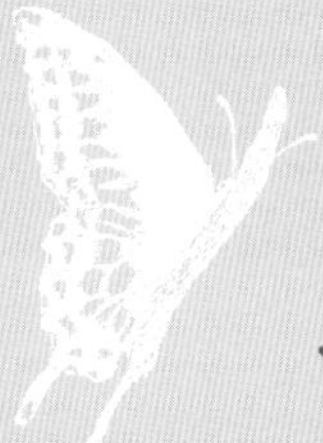

花花世界

釋繼程◎著
鄧博仁◎攝影

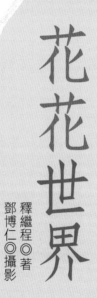

【自序】

花在叢中笑春風
花落春又隨風去
世間有情知無常
界無去來心自在

序花花世界

戊子九月廿七

太平陸程并題

目次

【活在當下】

【觀世自在】

【參!】

心為何物？

不染塵

一位台灣佛友送了我一個竹雕結飾，上面畫了蓮花，題了「不染塵」三字。

這位佛友是在閱讀過我的〈一生的抉擇〉後，知道我出家的紀念日，而在當天送我做爲紀念的。

我接受後，隨意地一看，就收住，因爲房子裡可掛飾物的空間太少，也就沒去注意。

後來她提醒我，還要我掛在喝茶的地方。我才拿出來較細心地看，把它掛在門旁。

也許在我內心裡，希望我的房間是一個不染塵的空間吧！或者，我更希望的是自己的內心，是不染塵的。

有人說出家人是「看破」紅塵。其實紅塵如何看得破呢，我只能

112-44

台北市北投區公館路186號5樓

法鼓文化

讀者服務部 收

廣告回函
台灣北區郵政管理局登記證
北台字第11073號
免貼郵票

寄件人：　　□先生 □小姐

地址：

市　　區 鎮

縣　　市 區

路 街　段　巷　弄　號　樓 □□□

讀者服務卡

感恩您對法鼓文化產品的支持。為了提供更好的服務，請您回覆以下的問題並直接寄回法鼓文化。我們非常重視您的想法，因為您的建議將是我們進步的原動力！

＊是否為法鼓文化的心田會員？ □是 □否

＊□未曾 □曾經 填過法鼓文化讀者服務卡

＊是否定期收到《法鼓雜誌》？ □是 □否，但願意索閱

＊生日：________ 年________ 月________ 日

＊電話：(家) __________________ (公) __________________

＊手機：______________________

＊E-mail：____________________________

＊學歷：□國中以下□高中 □專科 □大學 □研究所以上

＊服務單位：____________________________

＊職業別：□軍公教 □服務 □金融 □製造 □資訊 □傳播

□自由業 □漁牧 □學生 □家管 □其它 __________________

＊宗教信仰：□佛教 □天主教 □基督教 □民間信仰 □無 □其它______

＊我購買的書籍名稱是：____

＊我購買的地點：□書店_____ 縣/市_____ 書店 □網路_____ □其它_____

＊我獲得資訊是從： □人生雜誌 □法鼓雜誌 □書店 □親友 □其它_____

＊我購買這本(套)書是因為：□內容 □作者 □書名 □封面設計□版面編排

□印刷優美 □價格合理 □親友介紹

□免費贈送 □其它______________________

＊我想提供建議：____

□我願意收到相關的產品資訊及優惠專案 (若無勾選，視為願意)

法鼓文化 TEL:02-2893-1600 FAX：02-2896-0731

說是看透。

看透就是看出紅塵的眞相，因此而能不受其迷惑。

當然也不是每個出家人都能眞正看透紅塵，因爲這需要十分深邃的智見，才能做到的。

當一個人在內心修養不斷提昇，並淨化了內心時，他很自然的就不再染著於紅塵中的種種。

但他仍然活在紅塵中，因此他不必逃避，而能在紅塵中，自在的進出，因爲他的內心已能如蓮花般，出淤泥而不染。

百花叢裡過，片葉不沾身。

一九九二年二月一日・檳城

應酬

經常會有一些佛教團體或學校佛學會要出版特刊，就邀請我寫一篇獻辭或一幅墨字，有的還要求寫稿或專題。

對於這些要求，如果以責任來講，是應該盡量地滿願的；但往往時間並不允許，再加上有時候也眞的是文思枯竭，或不知寫些什麼才好，我就只好應酬應酬了。

寫一幅墨字代替獻辭，找幾篇舊稿應邀，就如此應付了。如果是要求寫專題的，能寫則寫，不然也只得推辭了。

如果允許的話，我是願意多花一些心思在這些方面的。記得以往較少此邀請，而我又較有時間時，我都相當用心處理的，而今卻有力不從心之感。

也許有人會以爲，只不過是爲特刊寫篇獻辭，也眞的那樣難嗎？

是的，同一類型，同一性質的文章寫多了，往往不是重複，就是應酬了。除非自己是不斷地進修，而能推陳出新，開拓新境。

一個忙碌，又有許多應酬的人，能有多少時間進修呢？但工作還是要做的，就得以四兩撥千斤，化繁爲簡的方法應付了。

也許這就是現代人的生活寫照之一吧？

不過我的一份誠意還是在的，至少這些文章或墨字，都是我親手寫的，沒請人捉過刀，這也是我一直覺得心安的。

一九九二年二月十一日・檳城

欣賞眼光

朋友興高采烈地叫我去看他剛請回來的佛像。在這之前他已向我形容他所請的佛像是雕塑得如何地好。可是我上樓一看，覺得似乎並沒有他所形容的那樣好，因此反應上就沒有那樣熱烈了，看來他似乎有點失望。

其實這種情況，我也有遇過。每當我找到一個自己認爲滿意的茶壺，小心地把壺帶回來後，都會先向學生形容一番。但等到他們有機會來看到時，有時候他們的反應並不如我想像中的那樣熱烈，似乎覺得並不如我形容中的那樣好。我也會有點失望。

對一樣藝術作品的欣賞，不只是眼光不同而已，層次不同，或所屬的領域不同，也都會造成不同的反應。像我不懂得畫，因此有時也學人風雅，去畫展走走。有些畫會喜歡，或覺得合意，有的則沒有那

麼深的相契，因爲不懂得欣賞，可是有些對畫較有研究的朋友，就會有相反的反應。感覺上，有時是不怎麼明白他們的眼光，有時是聽過了他們的分析，才進一步了解其妙處。

不過對於美的欣賞力，每個人都會有的。只是程度的不一樣，對於美的主觀要求就會不一樣。

也許我們不須要求一致，也不須趕熱潮，而是進一步的去從欣賞力的深度去提高，從對美或藝術的客觀知識與欣賞標準去下多些工夫，充實自己在這方面的內涵，在欣賞時作出適當的反應。

一九九二年三月十六日・檳城

虛榮心累人

某人來函說，寫那種「一粒沙看到一個世界」的文章，若又寫得感性一些，那就更好了！

寫這種文章，觸角要很敏感的，在日常生活中經常要觀察，從所發生所經歷的事件，乃至生活中的細節，都能省察出一番道理來。

可是我卻是個粗枝大葉的人，生活中許多事情發生了，一過去就希望不再去想太多，而正在發生的事，也觸不起什麼特別的反應，有時更引不起什麼省思。

因此，就想還是不寫的好。但某人來函中還特別提到：很難找到像你這樣的高手，拔刀相助啦！

這一捧，慘啦！再不寫就太不近人情了，不是嗎？

虛名累人，虛榮心更累人。

有了小名氣，人家就會找上門。明知自己有限，卻經不起人家的好話美言，有時眞的是臉皮薄，推不走；有時卻是虛榮心生起，想再出點風頭啦！

這下子好了，又得背著一個包袱，爲它忙一段時間，被它逼得有空也不敢寫其他的文章，得爲這份虛榮心應付應付。

是要付出代價的，只是付出了那麼多的精神，換回了這一點虛名，也不知兩者是否相等，但這是自願的，也不能說什麼了。

重要的是，能寫出什麼呢！一粒沙看一個世界？

一九九二年三月十七日・檳城

心爲何物

談心，談心。心可談？心不可談？

剛在念頭裡那麼一轉，想到了一點，想談，又過去了。

還在心裡打轉著，待會兒該怎麼說，如何談。可那會兒到時，又不那麼想，想不那樣子說，這樣子談了。

心，可是瞬息萬變，抓亦抓不住，摸也摸不到啊！

那過去心已過去，自不可得。

那未來心還未來，亦不可得。

就現在心來談吧！可是，哪一念是現在心呢？無有一點，無有一念暫住不動，那現在心自又不可得了！

說不談吧，卻偏偏又人人在談，你我也在談呢！

雖不住於任何一剎那，但一念一念的集起，可又成了一個句子；

一句一句集起，可又成了一段話；一段一段集起，又可表達了一個概念，一概念一概念的集起，可又是一個思想。

過去的不全都失去，還有記憶著、潛伏著的呢！未來的還可以計畫、安排，整理成一個期盼、理想。現在雖念念不停，可前後會貫串起來，還能有相對的暫住現象，也能把概念說個清楚呢！

心若不可談，可我們行的、談的、感受的、想的、認識的，都是心裡打了轉才出來的。

心若可談，又談的是哪個心呢？

問人兒，心是何物？

一九九二年四月十一日・雨城

心歸何處

捫心自問，自己從小至今，是否都沒做錯什麼嗎？反觀心裡，那一念一念生起滅去，可都是念念分明，念念爲善啊？內心裡就那麼一分慚愧，自會告訴你，錯的可多著呢！惡念、妄念也多著呢！

心總是外放的時候多，內收的時候少。看到的、聽到的、嗅到的、嘗到的、觸到的，都引使心向外馳放。外在的世界可眞是五光十色，多姿多采啊，還令人迷惑，忘失呢！去追求吧！去攀附、去抓緊、去愛染吧！

心飛出去了。想得到，想占有，想永遠抓住不放了。世間的種種存在，都是有限的。以無止休的欲求，去追求有限的物質，殆已！以無數的人，去占有有數的名聞利養，除了鬥爭，還是鬥爭啊！

一幕一幕的追求，一齣一齣的鬥爭，不斷上演，層出不窮，樂而不疲。

捫心一看，心迷失了，心茫然了，心麻木了。

然而，還有那麼一點自覺、慚愧，似醒非醒，似睡非睡的，在內心深處蠕動著。

迴觀、返照，把那蠕動的自覺給喚醒啊！

醒了，醒了，張眼一看，一片一片污染，一層一層塵埃，快把自己給掩蓋了。

剖開，清理，丟棄，捨下。得把污染除去，得把塵埃掃盡。心不可外放，心得內收啦！

問人兒，心歸何處？

一九九二年四月十一日・雨城

收心

近日來，心似乎很散，總抓不到一個點安定下來。

也許近日來自己忙，忙一些應該忙的，也忙一些不該忙的。似乎在找一個平衡點。因此心從這端到那端，又從那端到這端的來來去去。

也許近日來有不少的事使自己不得不操心，那是內心的責任感與憂患意識的起伏。

明知道，如此心境其實對自己無益，尤其更阻礙修養，也知道，這樣的心情並不能幫自己處理好那些事。可是，心不聽話啊！

這就是我們的心了。

我們經常以爲心是「我」的，我要心如何，心就如何。可是當心眞的動亂時，其實也不必受到干擾而動亂，即使在平時，我們也未曾

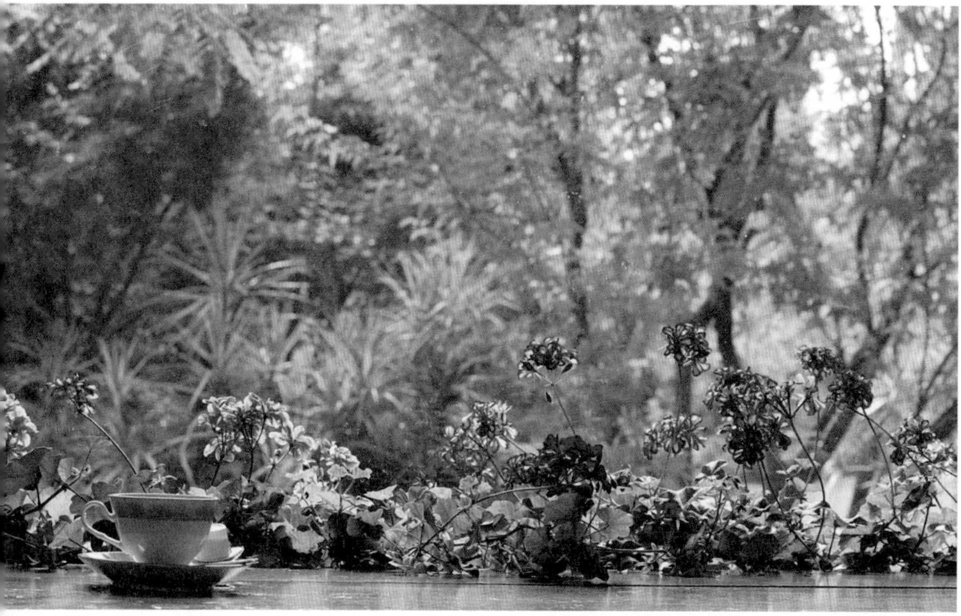

眞正抓住我們的心，動亂時當然更不必說了。

此刻，愈想心靜下來，心就愈靜不下來。原來那個要心靜下來的念頭，也是浮躁的。

怎麼辦呢？任由心如此下去，怎麼得了？

不然，又能如何呢？

也許，把這些都放在一邊，就是不理會，任由心起伏生滅，而什麼都不必再加上去，讓心在生滅中自然的遷變，轉機或許就會出現了。

當然，這需要先使心往內收，往內沉。收得回來，沉得下來，自然就漸能安定了。

而更好的就是讓心無限的擴大，當心有了無限空間，試問，還有什麼容納不下的呢？

一九九二年四月十六日・檳城

花花世界

剛爲《南洋商報》寫「花花世界」這個專欄時，雖取名不嚴肅，卻想從「一花見一個世界」，而把人生中積極的一面顯現出來，如一股清泉，來滌淨人心。

然而，事與願違，這麼多篇文章寫了，似乎一直停留在消極或負面的揭發，少有清泉，卻多了些污水。

對於老編與讀者，心有愧疚。

這或許與心境有關吧？發覺自己的心境在這一段日子中，比較偏向消極及負面那邊，言論也多批評，態度也似乎有此偏向。

長久以來，我都認爲建設工作是最重要的，但也從中發現到，在建設過程中，不可避免的會出現阻礙的力量，如果不能清理掉，就妨礙了發展的進度了，因此就需要去做一些清理工作，包括了對此障礙

的批評，乃致破壞。

這其實並不是我喜歡的，但我在不得已的情況下，只好進行了，這造成了我另一種形象的出現。我可以不在乎這些的，只要能協助清掃掉阻礙的力量。

也許這也是我寫作此專欄的一個過程，等把這些消極的寫過了，把一些負面的揭露了，使大家有所警惕後，才來發揚積極及正面的。就如先把舊的，有礙美觀的建築拆掉後，重建新的，或者重修它。

把俗化的，污染的花花世界，漸漸的淨化爲「一花一世界，一葉一如來」的圓滿境界，那應該是最有意義的工作了！

一九九二年四月二十七日．檳城

好累啊

有時候會聽到一些人說他是「生成勞碌命」。意思就是說他的一生，不論是爲了生活或理想，都是在勞碌奔波中度過，難得有安閒的日子。

我也不知道怎樣的情況才是所謂的勞碌，因此也不敢說自己是勞碌命，但有時候眞的會覺得很累。這種感覺並不一定是生理，有時候是心理上的。那時就很想休息，很想把那些正在做，或進行中，或計畫中的工作都拋開，讓自己輕輕鬆鬆的，就那樣悠哉閒哉的過日子。但眞正有這種日子過的時候，自己是否眞的能安閒下來呢？

其實這種情況，是心理在某方面調理得不好而有了不平衡的現象，因此想以另一種方式來平衡而已，一旦另一種方式調得不好時，那種不平衡的情況照樣會發生的，到時又得用回原本的方式來平衡。

我們的心理，在潛意識中是有一種平衡的調和作用的，這是心理自我治療的功能。但這種治療功能也會失調的，如果我們任由它去進行其作用，卻沒有去察覺到這種功能的局限，而應用更進一步的方法去調和。當心理自我平衡作用失調時，不平衡的心理就會造出不平衡的動作，這是每個人都會有的，而任由這種情況發展下去的結果，就是精神病或心理病態的出現了。

知道累，有時就是這種失調作用的先兆，這就得從生活中與心理上去觀察、返照，採取適當的方法來使自己累的感覺消除，讓自己恢復精神，繼續把工作做好，使生活過得更有意義。

一九九二年五月二十三日・怡保般若岩

向誰傾訴

「師父：『我們有心事，有困擾時，可以向您傾訴，向您請教。您有心事，有困擾嗎？有的時候，您又向誰傾訴，請教呢？』」

曾有學生寫信給我時，如此問我。我沒有回信，也等於沒有回答這個問題。

當時我心裡是想：有你們那麼多學生，有心事有困擾，找你們聊聊，不就沒事了嗎？

是的，我是凡夫，我有著一般人必會有的苦惱、困擾，不過我對自己的問題是看得比較淡的。往往困擾我，使我苦惱的問題，皆與佛教及華族文化有關。

佛教界裡，華人社會中發生的一些事，都會牽動我的心，乃至從新聞報導中見到戰火連天時，我也會心酸。那麼，我的心事不是很多，很大嗎？而這些，除了自己去承受，又能向誰傾訴呢？

如果一定要追究自己的心境爲何如此，其實我也覺得不易說明，或許是佛法中所提到的「悲心」吧？

因此，有時候，我也感到困擾、苦惱，而致情緒波動，但我都設法讓自己的心沉下來，沉到較深的層次裡安住，就不會波動了。

我明白如此情緒並不能使我把問題看得更清楚，也不能幫我進一步去處理它，何況有些事根本就在我範圍之外或距離很遠的。此心的牽動只是受限於我的責任，要依自己的能力做自己應做並且能做的事。

天下大任不會落在此凡夫身上，但我仍然對此天下有一份責任。我不會逃避，雖然也會苦惱與困擾，但我會學習默默承擔、冷靜思考、盡心盡力，然後心安理得。

一九九二年四月三十日・檳城

改變心態

看到一朵花，我們可以平靜的欣賞，也可以摘下來，玩過了以後拋掉。

一種風景，兩種心情。

花是沒有兩樣的，但心情卻有多樣變化。花只是一個外在的現象，或許它並不有美或醜的判斷，但人的心情卻有不同的變化，同觸一種景，卻會生不同的情。

對世事的反應，何嘗不是如此。

所謂的悲觀與樂觀，也不過是人們對世事的價值判斷而已。此價值判斷的重點其實並不在世事，雖然在下判斷者而言，他是依世事而做出某一判斷的，但實際上，必須他內心先有了某一判斷的標準，他只不過是依此標準行事而已。

此判斷標準的形成，過程是相當複雜的，包括了家庭、學校與社會等環境，以及父母兄弟朋友等接觸影響，所處的環境中的文化及信仰等，皆對其標準有一定的影響，而還有一項重要卻潛在的，就是他本身的內心裡潛伏著的某些心理因素。

因爲是如此多種因素造成，何者重何者輕，亦難以確定，但有一定，這個標準是會改變的。至於何種因素使他改變，也不一定。也許是外在的，但更可能是內心的因素。

有時候我們對自己做深一層的反省時，會發覺到，只要我們的心態一改變，我們對外在事物的看法與態度就改變了。因此把心態調在正面、積極的方向，我們會覺得這個世界可愛得多了。

一九九二年四月二十九日・檳城

批評與稱讚

有時候，有人會敬仰你的慈悲，卻也有人會認為你心胸狹小；有人認為你驕慢，卻同時會有人認為你待人處世時的低姿態是很值得稱讚的。

如果有一天你同時得到兩種相反的評語時，會不會對自己的個性或心胸也迷惑了，到底哪一方才講得對，或至少更接近你真正的性格呢？

也許兩者都講得沒錯呢！只是一個看到一邊，並沒有全面的看到。也許其中一個是抱著成見來批評的，或不正確的崇拜心態來讚歎的，那都作不得準的。

其實，有時候反省一下，覺得為這類的評語而動心，也沒什麼意思，倒是能從這些評語去反省自己，才是更好的方法。

不論怎樣，能從他人主觀的評語做反省，對我們自己來說，就是客觀的角度了。不論是對或非，總得有幾分根據的。縱使他人以成見乃至嫉妒之心理，故意批評，也是值得我們對自己的言行反省的。但卻勿因此而耿耿於懷，或沾沾自喜，否則才是眞正的上了大當呢？

凡夫又不可能是沒有惡心念的，但做爲一個人，總是有其善心法的。是人便是此二種性質不同的心理作用複雜而成的。我們依於宗教的教導及道德觀念，就是要學習去惡行善的，故有人批評或稱讚，正好說明了我們行爲表現的一些跡象。

從內心的返照與檢討中，對於批評的，有則改之，無則嘉勉；對於稱讚的，有則嘉勉，無則生起。那麼，惡法減少，善法增進，不更有意義嗎？

一九九二年五月六日・檳城

遇諍則止

又寫好了一篇演詞，準備在某一場合中發表。或許也有機會見報，假如採訪的記者重視，編輯也認爲有刊出的價値。

演詞中有個人的看法，但這也不算是獨特的，或許只是對一些現象及局勢，綜合一些人的意見，並提出了個人所認爲可行，或應注意的地方。

這幾乎是這幾年來的一項工作，對於此，也不能說是喜歡或不喜歡。有時候自己的確是有些意見想發表，讓佛友及社會人士知道的，但也有些時候，對於必須講的話，很想不講它。

如果我有時間多寫一些關於佛法及人生道理的稿，我會很歡喜的發表，但如果必須提出太多的意見，或必須做出批評，乃至澄清、解釋時，我的心情就不那麼輕鬆了。

但客觀因素的需要，我只得在一些場合中講一些話，或者發表一些文告，也許有人並不喜歡，或引起一些人去爭議，卻發現這也是一項責任，當你在某一個位置的時候。

實際上在許多場合中，我都提出具有建設性的看法，雖然個人的淺見未必眞的對整體有很大的幫助，但如果從多個角度去分析，或者可以找到較爲可行的方法。在非不得已的情況下，我都少有批評或只從消極的角度看問題，更謹愼的不使自己的話具有破壞力。

至於他人是用正面或反面的角度來理解，又不是我所能左右的了。不過遇到有爭論時，我就不再多講，保持默然了。

還好我人微言輕，講一些話也沒什麼影響，但能夠不講時，我還是不要講的。

一九九二年五月二十五日・山城

吵吵罵罵

總是會有與人意見相左的時候，也許需要討論以求溝通或交流。但如果討論時雙方都堅持己見，又在爭論時情緒高昂而淪為吵架時，那就沒有什麼意思了。

往往在接近吵架邊緣時，若有警覺，我就會快點避開或停止。有時為了處理一些人事的問題，也會導致吵架的事件發生，屆時我也會盡量平息下來。

發現自己很怕吵架，雖然還是經常會碰到，而感覺上自己在表達意見時，口才還是不錯的，講起理論時，也還是頭頭是道的，可是一吵起架來，就會發現自己也會陷入語無倫次的狀況。那眞的是很令自己反感的。

一淪為吵架時，雙方必不讓步，且盡量挖對方的臭腳，沒有也還

是要當作有的。再吵得凶的話，一些平常不出口的話都會溜出口了，還會想把對方詛咒一番，以狠毒的口語，想令對方敗下陣來。但吵架時，往往會「罵逢對口」，對方也會把一些無中生有、毒辣或醜惡不堪的話射來。有時會被射得體無完膚，直到兩敗俱傷，才鳴金收兵。

這時候，好朋友也沒得做了，夫妻也會分飛呢！

當然也有一些人是吵架「天才」，天生愛吵架又生得一副「好嗓子」，聲音宏亮、咬詞清楚，罵起架來，如波浪滾滾而來，一波接一波，有條有理，臉不紅，氣不喘，談笑用兵，直罵得對方無從招架，丟兵棄甲，落荒而逃。此等人也往往以吵架為樂，一天不吵，便覺生活無趣，總得找些機會，大展「罵喉」。

不知可有機構有興趣，來個「罵架比賽」，必有人罵遍天下無「對口」，榮登「天下第一罵」寶座。若為我國公民，不妨獎他三五畝地，蓋此亦可為國爭光也！

一九九二年五月二十七日・山城

兩端猶豫

竟然爲了早一日或遲一天上檳城而猶豫了一陣子，車票已買好了，才又想不那麼早上去。但上檳城卻是必須的行程，自己卻又想在太平多住一天。也許我比較喜歡太平吧？

這樣簡單的事情也使內心掙扎了好一下，眞是令自己都失望。但它卻感覺如此「眞實」的在動著念頭。

當個人的心對某種存在有所執染時，這種感覺就會存在的。只是有時比較強烈，有時比較不明顯而已。太過強烈時，就會使自己感受到兩股力量的拉力；只要一邊較強時，就會傾向那邊去了。

肯定一邊，否定另一邊，是人心的狀況。在肯定與否定之間無法決定，就是矛盾或掙扎的心理。兩邊都想獲得或都肯定，似乎又很難有此結果，乃至有非分要求的可能。兩邊都否定，又需視其是否因嫉

俗憤世而作出的，很容易陷入是非不分的情況。

其實這些情況都只是從表面認識存在的現象，對其存續的因果關係，以及其內在的本質，都沒有明確而深切的明白，不能從較全面去明瞭，故決定也就掉入了片面。

如果明白相對的世間，沒有十全的決定，得一必失一，但在得失之間又不執著，只是隨著因緣及決定後發展的情況去看出其存續的因果關係，無論何種情況出現，都心平氣和地去接受，因爲那已是事實，改變不了，後悔無益。

寫到此，發覺自己也只能從片面說明，讀者千萬勿掉入片面觀點，而從另一邊也看過來，才能明白所要表達的。

一九九二年六月二日・檳城

透視是非

很怕是非，卻還是被一些是非牽住。

想避開是非，卻發現到幾乎是無處可逃。

在人世間，人際的交往，是必須的。只要是有人事問題，就會有是非。

每個人都會有自己的主見，或站在自己的角度看事物或問題，一旦我們有了我見及我的角度，就有「我是」的看法，一旦有了「我是」，與此「是」不一致的看法便是「非」了，便有了「他非」。

如果二者沒有直接衝突，沒有利益矛盾，那「他非」讓他去非，也沒多干係。但偏偏有時候，他的「非」正好會奪去我的「是」的利益；或他的非正好否定了我的是，而且有他是我非的反應。那時，孰可忍，孰不可忍？

有時候，自己也許只是依著本身的觀念或知見，去進行某些工作，並未想去製造是非或糾紛，但卻無可避免的，可能會牽涉到他人的「是」中去，或已經「威脅」到他人的利益，而引起他的反應乃至反擊，或挑起是非，把事情弄大。此時，是一笑置之、避開、抑是斤斤計較，做出反擊；乃至捲入是非圈中，與他周旋到底？

是非是無休止的，一旦捲入，難以出脫；未捲入時，想避開也不容易。那麼在此無可奈何的情況中，除了隨波逐流，甚至同流合污外，是否還有其他途徑？

也許只有透視了是非的本質，體會到是非其實都只是相對的，幾乎存在的一切現象，都會產生是非及相對的認識，但事件或現象本身並無是非，此是非是來自人心的判斷與反應。若人心能超脫而不被捲入，那麼，外面儘管大風大雨，內部卻穩然不動，並能在風雨中出入自在！

一九九二年七月十三日・檳城

傷痕累累

我常自嘲是「傷痕累累」，在我的背部。因爲時不時，不知從何忽然來一支暗箭，或一個冷槍，都射在背部，偶爾還會被當成擋箭牌。怎不傷痕累累呢！

還好沒有倒下來，雖然有時傷得較重，足以使自己倒下來，但還是硬撐著，有時則是輕微的，乃至因傷處太重而沒有什麼感覺。

其實有不少是無意的，或者非惡意的，不過我不知道是否有想置我於死地的。如以所受的看來，大概還沒有到那個程度，只是較重手而已。

我這個目標是這麼顯目嗎？我倒不覺得，當然更不覺得它耀目了。或者因爲同樣目標不多，有一個明顯的，就會成爲眾矢之的吧？

每次受箭或槍時，我都是難過多過生氣，雖然我也會表現得憤怒，但痛心的感覺還是比較內在與深刻的。而我所學習的是如何去撫好，盡快的撫好這些傷口，並不急著去追究它們來自何方，雖然總會有知道的機會。而更重要的是要檢討自己是否會射回去，或自己也在有意無意中射中他人。

如果我能夠忍受而不再射回去，不去射中他人，乃至可以包容射我的人，我的修養將會漸漸地提昇，心胸亦漸漸地擴大。若我還能觀照著我這一目標其實是空的，那麼射來的箭與槍，亦根本無從射中。乃至這些箭與槍也是空的，何來能射與被射？內心便在一切都空的境界中，自在解脫了。

靜下來做此觀想時，隱約地覺得，其實累累的傷痕似已不存在，漸漸地消失了。

一九九二年九月一日・檳城

心的層次

每天都要寫數百字或上千字的日記。這習慣應已有十多年了。有時候在寫時，會對自己做一些剖析，希望對自己有較進一步的認識，或許這樣對於自己在人生道路上，確定方向與理想方面，有一定的幫助吧！

但在剖析中，會發現到個性中的雙重，觀念上的矛盾，思想上的不一等現象。

這種情況不全因爲時間與環境的不同產生的，往往是因爲在剖析時，所站的角度，或所依的內心不同層次而有的。進而發現其實人的個性是雙重甚至多重的，觀念也是矛盾的，而思想上必有差異，這是由於人所處的環境之複雜，而內心裡亦交雜著許多的意念、經驗與習氣。

人所顯現某一種個性，只是此種習氣較有力及較穩定，人具有某一觀念亦只因爲此等意念較有力及較穩定，思想亦是如此。但較有力與較穩定的心理狀況卻不會是絕對的，而且也受到其他狀況的影響或干擾。

而不同層次的心理境界，往往也會有著不同的狀況。有時候在較浮淺的境界中所顯現的某一狀況，在深入更深層的層次時，卻發現到是完全矛盾的；甚至較淺層次所顯現的意見是爲了掩飾較深層次的狀況而有的。而剖析到後來，對自己竟更加迷惘，更不了解了。

這是正常的現象，人心層次的深淺的確是有不同境界與狀況的。碰到如此情況時，若能依此疑情再深入，自有更進一步的認識。不然就停留在自己所能接受，依外在的道德準則亦受認可的狀況，來認識自己，穩定自己的個性與觀念，消滅迷惘，做爲進入更深層之基礎。

如此漸進，總有澈見本性的一天吧！

一九九二年七月二十七日・檳城

心如太虛

心安住於平靜的定境中，沉浸在一片平和、充實、喜悅裡。

在面對一般的外境時，心只輕輕地隨著境的出現而生，只有在觸對較大變化與起伏的外塵時，才隨著它起相應的變動，但實際上動的只是觸境的作用，而感覺到其實心還是穩穩地安住的。

不論在觸對怎樣的境界，順境或逆境，只是稍稍地觸動便安定了，而心的喜悅仍是充實的，即使是逆境，也不起瞋念或抗拒，順境則是平和的喜悅，卻無波動的狂喜，或貪執於境。

那種穩實、深邃的喜，難以形容，只是從內心很深很深之處，即充滿著，並由內而外的充塞在每一層面的身心。

而定境愈深，此境愈細，分別心愈小，但卻處於敏銳的狀態。對於外境，警覺力敏、易觸境卻不隨之轉，只是生起適當的反應，卻以穩定的觀照力在照見之。

此定境其實具有觀照之作用，非只是無想的定。畢竟還得在日常生活中應用的。修禪者其實在日常生活中能以此心、此默照之心應對，則時時處於對境敏銳而照見其實相，卻又安止於穩定的狀態而不轉，對境清明而不執，不染於境又明明朗朗。

清明則境現即應，不染則境過即捨。在應與捨之間，是一切無常生滅之假相，悟法性不生不滅之實相。見假相而不執，蓋假相虛幻，無所執；悟實相而不住，蓋實相無相，無所住，心如太虛，何處何時不自在？此時無言。

一九九二年十一月四日・雨城

心中的淨土

雨後的雨城最美，常給人一種一塵不染的感覺。我很喜歡這種感覺，也很喜歡雨城的雨。

看到那種清新的景象，內心裡就有那種不染於塵的清淨。在生活上，雨城有點像我的避風港，經常在繁忙的工作，或四處奔波後，有時間回到雨城，我總是讓日子輕輕鬆鬆、悠悠閒閒地過，讓心休歇、平靜，或許也是一種平衡。

我想，如果雨城是一片淨土，我安住於其中，讓外面的熙熙攘攘、風風雨雨，都在此土之外，而安住於其中者，能獲得清淨與安寧的生活。

我相信很多人都在尋求這一片淨土。

其實我們每個人的心中都有一片淨土，超塵脫俗絕對清淨，不受任何污染的，但此清淨心卻在重重污染與垢穢的包圍中。而我們卻總是被此污垢迷惑了，甚至執此爲淨，執此爲樂、爲常，忘了這一片清淨的心地。

如果我們發現了這一片清淨心，並把外層重重的污染消除掉，使此清淨心顯現，便能依此清淨心來見此世間。此時由於內心已清淨，故所見的世間亦爲清淨。

雖然外面的種種現象，在他人的心目中還是污穢的，但在一個已清淨的心看起來，這些污穢只是一種虛幻之相，因其並無自性，而是由於種種因緣和合而有，故其本性空寂，此空寂之本性乃清淨的、不生不滅的。因此清淨心能透視一切法的本性，故不爲虛幻之假相迷惑，便無罣礙，而能超然，解脫自在。

我們是否去尋求內心的這一片淨土呢？

一九九二年十一月十四日・雨城

活在當下

Kaki Ayam

如果我在檳城，在三慧講堂而沒有外出，我都很少穿鞋子。尤其在早餐及晚餐過後，我都喜歡赤著腳，在講堂院子裡散步，有時也走過去隔鄰佛教總會散散步。

在講堂幫忙打掃的印婦，每次都喊我「雞腳」Kaki Ayam。講堂院子裡的馬路平坦，佛教總會的則是碎石，我讓赤腳的腳底，直接去接觸路面的平及不平處，受其刺激，據說對身體健康有幫助，是屬於腳底按摩的方法之一。

不知什麼時候，人類的腳與大地隔絕，用一層皮製的或其他原料製作的鞋底隔絕。

這似乎也象徵了人類與大地，不再是直接的接觸了，人與大地的感情已加上了不自然的人工化成分——文化在內了。

也許人類覺得如此活得更好，尤其在物質方面，文化的進展，使人類愈來愈依賴更多的物質以求生活的舒適。

然而生活的舒適並沒有使人類的內心更加充實，反而更空虛，更需要外在的物質來塡補。

也許人類與大地隔絕時，就不再踏實了。

雖然我赤著腳接觸的是已人工化的馬路，但至少還是在大地上，且沒有鞋子的隔離，故還有一種踏實的感覺。

或許，人眞的應該有此踏實感。讓我們經常或偶爾，赤腳與大地親近。

一九九二年二月一日・檳城

做慣乞兒

決定從現任的高職引退，使我頓然有一種類似「解脫」的感覺。警覺原來自己畢竟不是一個適合擔任高位的人。因爲自己的領袖欲相當淡，更沒有與人競爭權力的興趣。

平淡的個性，雖然處於高位，卻在發現有人要挑戰時，就想退出的心態，缺少進取，或接受挑戰，乃至反擊的行動，看來也眞的應該淡出才好。

也許會有人問，既然如此，當初爲什麼會「步步高陞」而擔任了此最高職位。

回想，也發現到自己並不是去爭取的，而由於時勢的需要，一步一步被推上去的。我並不是很清高的，間中當然也有自己想做的欲望。當時只是想到既然有此需要，不妨挺身出來。

後來才發現，原來自己倒有幾分「做慣了乞兒，不想做皇帝」的心理。因爲在高位上，事務繁瑣，責任重大，有時還會遭受一些莫名其妙的挑戰或批評，這都不是懶散如我者，所想應付的。

另一方面也是因爲這些事務與責任，也使我無法較專心於我正在進行的一些工作。知道自己的能力有限，不能兼顧，不如退出其中之一，而能集中力量去做另一項工作。

這是從經驗中獲得的一份自覺，故不去強求什麼，更不願成爲他人接班的阻礙，我相信會退得心安。

一九九二年三月十七日・檳城

討價還價

編者：「喂，你的稿似乎短了一點，寫長一些，好嗎？」

作者：「不算短了，字數也是你提出的嘛！少寫幾行，稿費照算，合理哩！」

編者：「多寫幾行啦！」

作者：「不啦，嘻嘻！」

也不知什麼時間開始，自己寫稿會變得這樣子計較，還多少有點「滑頭」呢！

是我們改變了世界，還是世界改變了我和你？

編者：「我們準備出版佛教刊物，請你寫專欄。」

作者：「對不起，我近來東跑西跑的，都沒時間靜下來寫東西，還有幾篇未寫呢！」

編者：「我們的刊物是季刊，三個月才出版一次，一年也才四篇而已。」

作者：「眞的啦！沒有時間靜下來，我就沒法子寫了。」

編者：「無論如何還是要請你寫，沒問題啦。」

作者：「不算專欄，我有空就寫了投去，這樣才沒有壓力，不然，頂不順了！幾百個字啊？」

編者：「兩三千啦！」

作者：「嘩！這麼長，慘啦！」

也不知什麼時候，自己也如此討價還價了。是生活太忙了，還是文思枯萎了？

多麼希望自己能豪爽地、愉快地答應，然後一揮而就，皆大歡喜。

一九九二年三月十三日・檳城

談心

在大專佛學研修班時，安排讓學生每個人都來「談心」，也是自己的心裡沒有預早準備，而在課程將要開始時才想到的方法。

發覺到心是不可捉摸，很難說明，這幾乎是大部分學生的反應，也是大部分學生都覺得，平常的確是很少去觀察心的。

有的就做了一些準備，將要談的先做了綱要，才在輪到時，依著安排的秩序來談。但往往會發現到，所談的也與原本預訂的不全一樣了。有時是受到前面講過的同學的影響，有時則是自己經過了一個晚上思考後的情況。

也有一些同學，不刻意準備什麼，只是輪到時，才隨著當時的感覺與思考，想到了哪裡就講到哪裡。

笛卡兒說：「我思故我在。」我故意反其道而說：「我在故我思。」然後再問：「到底是『我思故我在』，還是『我在故我思』？」

我思與我在，二者何者爲先，何者爲後？

從現實生活中去觀察，從哲學上去思索，或許，把二者刻意的，或二分法的分爲先後，都無法道出眞相吧！

學生是因爲要交功課才對心做較深的思考，但若從未對心有過進一步探索者，相信對佛法中所談的心，也不會有興趣去探知的。

在如此談過之後，大家似乎更對心有了進一步的認識，這個認識是：自己對於自己的心更不了解，何況談他人的。也因此更加強了對心探索的決定：原來許多的問題皆因心而引起，只有徹底了解了心，才能從根本解決！

而要了解，也只有從直探此心下手！

一九九二年四月十八日・雨城

近鄉情怯

那天母校舉辦三十週年紀念暨校友回校日。在此盛大的慶典中有相當多節目，包括了常年運動會及學藝展覽義賣會。那兩天我剛好都在故鄉，就決定要回去看看。

畢業已快二十年了，回母校及爲母校服務的機會不多。前幾年還偶爾回去給佛學會的同學講講佛理，這幾年就沒再安排了。一方面也許是比較忙，也較少回太平，因此不容易刻意安排。另一方面也是我近年來的弘法，愈少是對中學生的，而且上課慣了，有時會比較長氣些，講題及內容也會比較枯燥及嚴肅。對於上完一天課，準備回家用餐及休息的同學，要他們在回去前再多留一個小時來聽這種講座，也眞的是很辛苦的。因此也就隨順因緣了。

其他時間，也沒什麼重要節目，當然也就沒想到要回去看看了。

對一個學校來說，其實校友是很重要的。愈多校友愈能思源，愈給予母校在多方面的支持，對學校中的發展愈是有幫助。而回饋母校的方法，除了這些直接的支持與愛護，我想，如果能以個人的才華或能力，對社會及國家做出更大的貢獻，建立一個良好的形象與聲譽，對母校來說，也是很有意義的。因爲這對母校形象與聲譽的提高，肯定有其一定的影響。

母校慶典的第一個節目是常年運動會，那天早上我由一個同學載我去參與，在車子愈來愈接近母校時，我竟然有一種近鄉情怯的感覺。想起二十多年前的學校生活及母校的進展，內心裡充塞著一片溫馨與感激，願母校長青，也願自己在未來的日子裡，仍然能對母校做適當的回饋……

一九九二年五月九日・太平

走更遠的路

假期到了，活動排得相當密。打完了靜七，參加文藝營，接著開大會，而後是弘法會與生活營。

有些擔心自己會因頻密的活動而太累。但發現到在活動進行間，自己的精神相當好，身心處於良好狀態，反而是活動與活動之間的休息時間，才覺得疲憊，而需要大量的休息。

也許是自己已習慣了這種生活，故生理、心理上已能適當的調配。也許是自己在參與或主持這些活動時，能積極的投入，減少旁騖，乃至認眞地要把活動辦得好。

記得以往有時在辦活動時，會覺得累，有時是心理影響了生理。也許是在辦活動時，缺少了創意，或無法投入活動中，而導致了心理的疲累狀態。

這麼多日的奔波，只有在休息或空檔時間比較需要大量的休息，在活動時，只需少量的休息就能恢復精力去應付活動的進行，使我在多項活動中，都能應付裕如。

我的身體狀態一向還好，體質健康，但應付太多困擾，或活動太多時，還是會抵受不了的。只是因爲知道活動辦得有意義，有些困擾也是無法避免的，不如轉爲一種考驗，在觀念上去加強，漸漸地就能產生較大的力量了。

從中也發現到，認眞的投入，在內心裡建立起正確的觀念，是可以幫助我們克服一些問題的，因此內在的力量深厚，能引發而轉化，就能激起身體的力量了。

當然我們的身體還是需要適度的休息的，因此在有休息的機會，不妨放鬆一些，好好地休息，以便能走更長遠的路。

一九九二年六月十四日・山城

開口難以自休

生活營在進行中，已講了好幾堂課了，每堂課都有兩個小時。此次講課，從開始至結束，足足講兩個小時，中間也沒停息，且講得相當地有勁。比以往有時候會覺中氣不足的情況好，且內容方面亦相當順暢地表達。

當然還是一貫的講法，在講的過程中，經常得「東拉西扯」的，從旁引來一些資料，或從現實生活中找話題，因此在講的時候，不能只是隨著一條線進展，還好「節外生枝」後，還是會回到原本的那條線上。

我比較喜歡上課，或主持課程，就是因爲可以如此自由發揮，此堂課講不完，下堂課再繼續。如果是弘法或講座，有時候就受到限制，不能盡興而講。

古人有「下筆不能自休」之評語，我評自己是「開口難以自休」，也許是好爲人師之習性吧？這種習性當老師好，但當領袖就不見得好，尤其是運作組織的，講太多話未必會受歡迎的。當然講太多廢話或無聊的話，當什麼都不受歡迎。當老師，即使講話機會多，也要講得適當得體。不過因爲需要，多講一些，讓聽者多些機會明白，還是受歡迎的。

只是兩個小時的演講，講者固然興致勃勃，聽者是否也津津有味，那就難說了。也許在講得興起，冒出幾句笑話時，嘩然一笑，才發現只有自己在笑，大家都會「周公」去了。那眞的是尷尬又掃興的事，但誰叫你自己陷自己於此「絕地」呢？

看來還是適可而止，恰到好處爲佳。

一九九二年六月十五日・東蓮

不擅於組織

這些年來，參加的訓練課程不多，主辦及主持的訓練課程倒是不少了。如果每一個課程的學員都當成學生看待，也真的有不少學生了，而且分布各地。

但一直以來，都很少與這些學生聯繫，除非他們有與我聯絡，或經常參加課程。也從來沒有想到要把他們組織起來，因此星散各地的佛友不少，卻沒有很好的聯繫，但偶爾見了面，只要有印象的，都會覺得親切。

只是以這種情況看來，我的確不是那種搞大事業的料，比起那些見一次面，或參加過一次課程，或到過其他的中心或會所者，便保持聯繫，乃至把資料輸入電腦，免費贈送佛書、卡帶及會訊，以便能把這些人有系統的攝受在自己的組織或門下者，我只能算是一個沒有組

織力的人。

這與個性是有關的。我雖然在課程中與學生相處和樂，乃至有聯絡者亦往來歡喜，偶爾見面者也有親切之感，但我的「領導欲」淡，很少想到要把他們組成「基層」；「眷屬欲」也淡，也很少想攝受爲「門下」、「弟子」。倒是喜歡以朋輩與之相交往來。

當然，這些學生或佛友有成就時，我總是覺得自己也沾了光；有些在學術上更求上進時，無論是世學或佛法，我都歡喜讚歎；那些在佛教團體服務、貢獻的，也常使我感動；發心專心修行研究佛法而出家者，更對他們深深地期望，盼他們不負佛恩、父母恩，爲佛教做出更大的貢獻，自己的修持與研究，更不斷上進，而有所成就。

從不敢有什麼奢求，只祈求這些佛友能在佛法中獲得更大的受用，爲佛教做更多的貢獻。我願已足！

一九九二年七月九日・檳城

惠借道場

辦活動就需要空間。如果自己或主辦單位沒有適當的空間，就必須去借或租，而在活動主辦時，能暫時地利用到這些空間去推行。

經常辦活動，在租或借場所的需要中，最能明白到其易與難的情況。如果是租用，就是一種交易，雙方是互惠互利，因此之間無需過於計較是什麼關係或交情。但如果是借，情況就不一樣了。

我所負責的活動中，經常都是借場所來用的；對人情世故，似乎就有更清楚的認識了。但我發覺我們還是有一些福報的，因爲每次借用場所都那麼方便，這是站在個人或借用者的立場所說的話。

其實更應該說的，是那些肯借出場所予我們應用者的心胸寬大，慷慨大方才是。

我們在主辦活動所借用的幾個道場，其主持人或負責人都經常以無條件的借用方式讓我們應用，乃至在生活上也盡量的遷就我們，減少我們應用時遇到的不慣。有時還在借出場所之外，又請大眾享用餐食等等，眞是令人感動。

當然這些都是佛教的道場或會所，我們也以佛教的活動爲主，但活動在進行時，一群數十或百人的信徒或學生湧入其道場，肯定是會使常住眾帶來一些不便的。有時候一些借用者善後工作又做得不理想，增加常住眾的負擔，但過後還是肯借，這份心胸也不容易了。

佛教及文化的事業是多方面的，每一個人在本位上盡力，給予他人方便，分工合作，自然就發揮了更好的效果。

現在活動正在進行的道場——東蓮小築，其主持人即具有上述優點，我們在活動舉辦時，總是像在自己的地方辦活動一樣方便。感謝之外，還是感謝！

一九九二年六月十六日・山城

忙中寫作

在頻繁的活動進行中，以及活動間交替的時間裡，還得設法找出一些時間寫點東西。有些是爲應付稿約的，有些則是爲了職務上的需要。因此在此之外的，就不容易應付了，有時候就得硬下心來，拒絕類此邀稿的好意，心裡總還是有歉意的。

有時候就因此發覺自己寫稿並不是全爲了興趣，也不是爲了得到什麼，只是因爲有責任或職務，就有了發表的需要。如此講來，寫稿不就是苦差事了嗎？是被一些外在的需求而推動的。

當然不全是如此，否則就寫不下去了。不敢說自己的思想如何如何，只是覺得有些意見與看法，還是可以向一些群眾介紹的。也許不必都接受，或者也可以反對，但如果從中能啓動一些思維，即使是反面教材，也還是有用的。

因此，雖然不是經常都寫得很開心的，但在每完成一篇文章時，都會有一分的欣慰，也因此寫得並不辛苦。偶爾寫不出來時，還是會有苦惱的。

目前較大的寫作難題，應該是較長篇的。因爲那需要有連貫的時間，使寫作能延續，才容易使要寫的一以貫之。而如現在這種辦活動、教書、奔波、搞行政的情況，能有較連貫的時間看看較長篇的書，都不容易了，自己要寫的話，那當然更難了。

但目前的情況的確如此，既然還不能改變，就在此中去充分把握好了，也許有機會，我能坐下來，好好的整理一些思想，而寫出來。即使沒有，也不強求，至少我還滿知足的！

一九九二年六月十六日・東蓮

講者與聽者

有一次應邀到某學院爲佛學會講一個激勵課題，題目大概是「攀登生命的最高峰」。後來聽一些同學說，某些聽眾的反應頗失望，因爲他們是想聽具有激勵意味的內容，而我在整個講座中，幾無高潮、激昂的情緒，更無口號、激勵的動作。

這使我發覺到原來有很多聽眾在聽講座時，內心裡對講者及其內容先圈定了一個框。若主講人所講的符合了這一個框子裡的內容或表現，他們就會覺得滿意或認爲講得好，否則就失望了。

這種態度原是無可厚非的，因爲若全無標準的去聽講座，那麼隨意去，隨意聽，過後不論有沒有收穫也隨意，那也沒什麼意思的。但如果太過重視自己定下的框，抱著成見而去聆聽講座，往往也使自己失去了學習機會，如果講者的方式與自己的要求相反，而自己依成見

去排斥的話。

一般上受邀演講者，自有他一定的水準，也有一些值得我們學習的，包括了知識與經驗。如果去聽講座時，抱著學習的心理，不背著什麼包袱，讓講者的知識與經驗，通過演講，而使我們可以適度的吸收及消化，若覺得不適合自己學習的，就忘掉它，或暫時保留。

當然有些主講人是以一種不負責任的態度應付講座、敷衍聽眾，這類主講人應受到批評，並應被淘汰。主辦當局不應只是重視主講人的名氣，而應重視其講學的態度，聽眾也不妨如此勿定太多的標準，勿有太多的成見。只要主講人是誠心、負責任地演說本身的知識與經驗，而其中有值得我們學習的，這樣的講座就是成功的了。

一九九二年七月二十一日・檳城

講課解困擾

當我在上佛學課，或演講佛理時，如果講得很投入，或講得相應，或在講解時，發覺到愈講愈能深入，便感覺到很得受用。

這種情況經常都會發生，即使在這之前，內心裡有一些困擾，或有負面的念頭，但當我投入講課時，就能使這些困擾及妄念減少或消除。

也許問題還存在，但在講解時，因投入或與法相應，內心便能放下因問題而引起的苦惱。尤其談到更深入的佛法時，就如同以此深法來熏習自己的內心，使自己不再爲這些問題干擾。

只是這種效用有時候卻不持久，因爲這種熏習的力量還不夠深刻，而且還不是自己體證的經驗。不過每次講到較深的內容時，如果發覺自己是明白，並能相當順利地表達時，那種心境是歡喜的，不是因爲自己表達得好而已，主要是如此表達，學生們才能較容易明白、吸收。

學佛已近二十年，出家也有十四年，講課次數難以計數，雖然不是每次講課，自己都很滿意，但總的來說，還是滿意的。

對佛法的理解愈深愈廣，我發覺要表達的層次與層面愈多，在講解時愈不易照顧周全。因此愈覺得只有系列課題，或正式上課的方式，才能較完整與透徹的說明。而講座，或通俗演講，只能針對某一方面或某一點發揮而已，因此我還是比較偏重課程，減少講座與弘法了。

不過，有耐心依著課程修學者卻不多，講座，尤其是通俗演講時，卻能吸引更多的信徒。也許多數人所要的，或所能吸收的，就是如此層次、如此層面而已。

我卻願意通過課程的講解，更深地去修學。

一九九二年八月十二日·檳城

心力是無窮的

常住剛辦完一次盛大的法會，看到眾人都在忙著善後的工作，我隨口問了幾個慶委會的委員累不累。有的雖現疲相，卻說不累，因爲辦得很高興，身體雖累，但心卻不累。而有的則對著我苦笑，我知道他累，身心都累。

整個籌備過程，我皆置身事外，乃至在法會進行時，我也只是身在常住，卻未投入法會中，除了在法會主要慶典上負了一個責任外，其他時間倒是相當空閒，有時間處理自己的一些事，倒不會覺得累，不過卻不很熱衷。

我倒是能夠明白這些籌委們的不同反應。有些工作是我們很歡喜做的，便會投入而忘了疲累；但如果只是必須做卻未必是喜歡的，那便生不起歡喜心，自然會覺得身心俱疲。

每次在辦課程時，我都會投入，即使有些課程我幾乎要負責大部分的講座，我都能在相當少時間的休息中，恢復精神而能應付繁忙的講課。過後雖然身體還是會累，但卻無需太多的休息，卻仍能提起精神去做其他的事。

人的體力精力都有一定的限制，但人的心力卻難以估量的；有人認爲心力是無限的，但在相對的世間，尤其受到身體的局限，相信還是有所限制的，只是一個人卻能在某些條件中，發揮潛在的心力，如歡喜心、慈悲心，及受過鍛鍊的心，都能發揮比一般人更強的力量。

佛教裡相信心力是無窮的，但必須具足一定的條件。而此無限力量並不一定顯現於外，或物理的，此心力往往是內在的、精神的。而此力量的最高者乃是智慧之心，一個人若具有此智慧，那麼，在內心裡便能超脫一切的束縛、煩惱，自由自在地遨遊於宇宙。

一九九二年九月十日・檳城

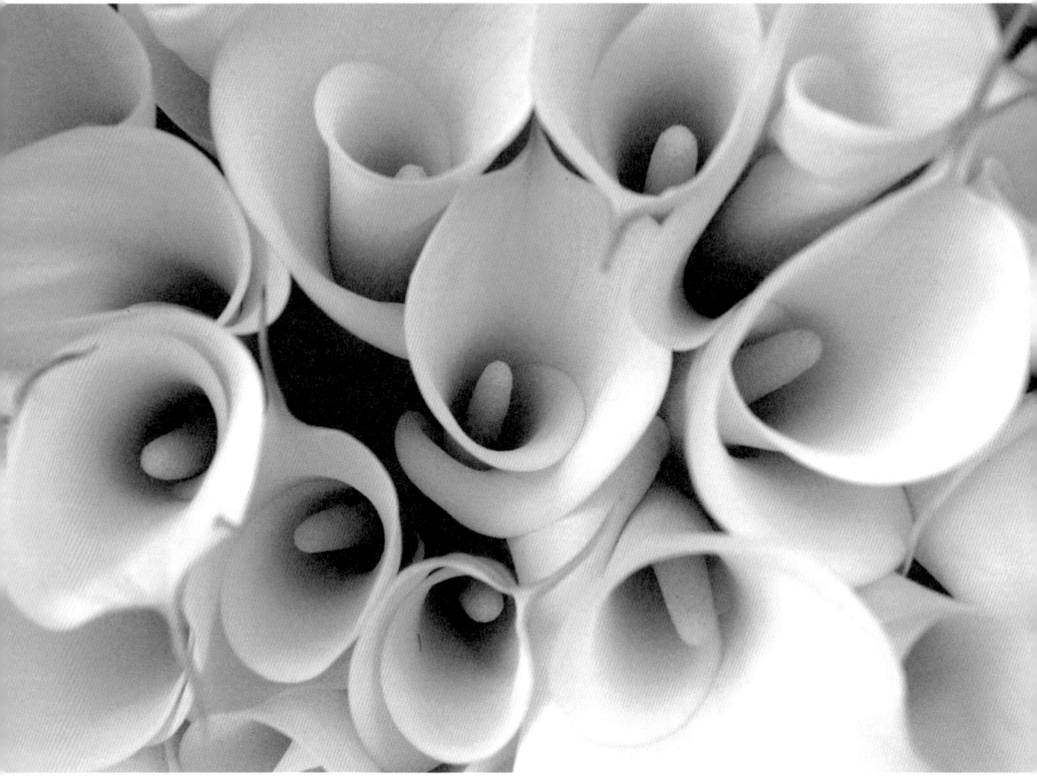

開放的學習

爲了一個講座會，我特地到砂州去。已有一年未去了，去年是因一個交流會而過去。同樣的都是因爲有活動或節目才得過去，其他時間就不易安排，或想去渡假，也就更不易排得出來了。

說很忙嗎？也不見得，但我不是很喜歡遊動，如果沒有目的我就寧願不動；渡假的福報還不太夠，一動不如一靜，就度過去了。

近年來我國華社與佛教界相當活耀，活動頻繁，其中有一個節目，就是研討會或講座會也很多，而且多種性質，文化的、宗教的、商業的、政治的都有。

這應該是好現象，至少說明了一般群眾對於知識探知的需求已增加。這些研討會或講座會上發表的，多數是較專門的知識，有的是學校或正規教育學習不到的，而主講人若是這方面的專業人士，或對此門學問有較深入研究者，往往還能提出相當精闢的見解，或至少已經過他消化的理解。這對於那些想學習，或有興趣的群眾，是有一定的幫助的。

而有時候，我們發現到，其實群眾亦非盲目地相信或接受主講者的言論，因此在討論時間，不只有發問，還有提出異議，或甚至辯論的現象。這也很有意思的，也表明了知識學習的開放及言論的自由。

因此，對於類此活動，如果我有時間或恰逢其會，我都會出席，或聆聽，或受邀主講。不論是聽取他人的高見，或者有機會發表自己的一些意見，我都樂於參與，不敢說全心投入，但都是認眞的。尤其是受邀主講，我都盡量安排時間出席，這是爲了盡一份責任及表示我對此類節目的贊同。

一九九二年九月十五日·檳城

師心不師古

是背後動機所驅，抑是情勢「所逼」，或是人情難卻，近來竟然寫了好幾篇評論的文字。有長有短，都在相當短的時間內寫成。也沒再修改，就寄或交有關單位了。

由於「情勢」是那樣的不利，文字幾乎都是逼出來的，更沒時間去參考有關資料，其水準到哪裡，也應是可想而知了。

進修的時間少，所存的「貨源」又不怎麼充足，慢慢用也許還能應付，要在短時間內擠完，那眞的會有「玩完」的一天的。

寫，倒不是什麼問題，不過把句子組好，把段落分清，把章節組織起來而已，問題在於要表達什麼？有多少東西能夠獻出來供他人參閱的？有多少料值得與他人分受的？

尤其我寫東西時，又不怎麼喜歡參考古人或今人的資料，有「師

心不師古（今）」的偏差，寫的都是自己知道，自己想的，但不至於連對或誤的，都還沒有弄清楚就寫出來了，因此不會誤導讀者。

我不是學者，做的不是學術研究，只是寫寫個人的心得，不過也不是全無依據的，而有一中心思想爲基礎，即佛法的緣起思想。

從佛法的學習中，明白了緣起的思想，也漸漸掌握了此思想的中心。從事相的緣生到本性的空寂，通過理解與觀想，乃至教學時的貫通，使我對此佛法根本思想有了一定程度的掌握，但我畢竟是一個重義不重語的修學者，故較偏向對義的理解，而少對語文的細密研究。在寫作時，也就如此了。

但我有信心，即使我寫的文字都是沒有什麼深度的，但是依正見而寫的；或許有些文字及引據有些差錯，其基本義理是正確的。沒問題！

一九九二年七月三十日・檳城

常寫並求上進

一個多星期沒寫東西了，那是在幾篇文章被逼出來後，忽然間感到要放鬆，就這樣放鬆了。

少寫或不寫，又想寫的時候，竟然有一種空洞的感覺，發現到自己想再寫，卻找不到話題了；或者有了話題想談，卻無從談起。雖不至於腦子「枯竭」，卻有力不逮之感。

也難怪大多數的作家都要天天寫，有的還規定每天一定寫多少字。養成了寫的習慣之作家，往往都不相信靈感，因爲他們一坐下來，文思便源源而來。

當然除了寫作習慣的養成而使作家不用擔心寫不出東西，另外的重要因素應包括了作家的進修與對環境的觀察，對世事的關心，對人類的關懷。

多用心

沒有進修者，其寫作的內容無法深入或全面；對世事不關心則無法洞察世間事事物物的因果；對環境沒有細心的觀察則難以明白自己的角度；對人類沒有關懷，其文章有再好的寫作技巧及描繪，總是冷冰冰的，沒有溫情，那其內涵就不可能達到高遠的意境了。

如果只是要寫，其實並不難，即使天天寫也還是可以做到的，但寫文章是要寫得有意義的。固然不一定要做到「載道」的需要，但卻仍有一定的寫作道德標準則是要遵守的。

對自己寫作的態度，不妨經常檢討，對自己所寫的內容及內涵，也不可沒有要求。這就得在個己內外在的修養與條件上，不斷地求上進。好的文章不是靠靈感，或從天上掉下來的，只有具足了各方面的因緣，傳世的文章才可能寫成。

一九九二年八月十一日・檳城

閱讀的心願

這幾年來，因職責增重、活動增加，生活是動多而靜少；在閱讀上，難有較長時間的延續，故大部頭的著作，不敢有奢望去翻閱，因連貫不易。故在修學上，尤其在閱讀方面的，不易有更好的提昇與拓大。

還好自己的閱讀習慣一直都還保持著，難得有機會讀大論著，較小的，或雜誌等具有時代感，或有一定深度的，還是在閱讀的範圍內。此無他，乃明白到閱讀對個人修學上的重要，不敢怠忽也。

當然也不是說一定要大部頭的書，才有博大精深的內容，有些短小精鍊的文字，也很具啟發性的。但若有時間閱讀一些組織嚴密、資料豐富的大著，對我們的學習乃至修養，都有一定的啟示，甚至可以改變我們的人生觀、改進我們的思想。而且有思想深度的著作，能開

Fashion&Advertising

拓我們的視野，擴大我們的心胸；若其部帙較大，就能夠比較完整而有系統地將有關的內容分析、交代清楚。

在學習的過程中，我有類此的經驗，雖然這個經驗是淺薄的，但也使我們明白到其重要性。只是由於自己本身的福報不夠，沒有更多的善緣使我有更多的時間來閱讀更多的書，以充實自己的學養。

本來我理想的事業應與閱讀有關的，但卻多牽涉了一些事務而不得不分散精神，使得自己無法隨著自己的理想去學習與進步；只得在忙中浮沉，並抓一些時間閱讀，進度緩慢，難以提昇。

歲月流逝，也不知什麼時候能放下這些工作，好好地靜下來，把自己想閱讀的大書大著讀一讀，不管是否提昇自己的修養，也應該是滿足自己小小的心願！

一九九二年九月十七日・檳城

打破「忘塵」

那天下午在房裡俯臥著閱讀時，忽然一陣大風吹來，掀起了窗簾，結果把擺在櫥上的幾個小擺設給掃了下來，其中一個「小米缸」摔破了。

此「小米缸」（是小缸，但不知是裝什麼的）上了黑釉，並寫著兩個字「忘塵」。當小東西被窗簾掃到而摔下時，我的心裡動了一下，但並沒有馬上去收拾碎片，只是下床走去看一看，看到忘塵兩字亦破了。內心又被牽動了，不知是否在告訴我，現在的我已被捲入了滾滾的紅塵中，哪裡還能忘塵呢？

但心裡只是這樣牽動了一下，把碎片掃成一堆，又繼續我的閱讀，而把它放在一旁了。

不久，我的學生來找我，他們夫婦與我是十分熟悉的，帶著他們

的小咪咪眼上來我房間，我一面還在看書，一面與他們談話，逗著小咪咪眼。學生看到那一堆碎片，便拿了掃帚等工具來幫我打掃，順便也幫我清理一下地板。

整個過程是那樣的自然，沒有做作，只當發生了一件事情，隨著需要與適當的方式去處理它。過後也就放下了。

其實這個小擺設已經放了好幾年，當時買下，一方面是喜歡它的小巧造型，一方面也是喜歡寫在上面的字。當時是買了好幾個，都送人了，就這個「忘塵」是我比較覺得合乎自己心意的，便留下來。但也只是擺著而已。

忽然間，就這樣子打破了，沒有即刻領悟到無常的道理。今天忽然想到，忘塵也是一種執著啊，不如連忘塵也打破吧！

內心豁然一開：打破忘塵！

一九九二年九月二十一日・檳城

心智成長過程

平時難得有時間靜修，有時固然是因爲忙或奔波，有時則是因生活的波動而靜不下來，或者情緒受到干擾而用不上工夫，等等不一，當然有時也是因爲懈怠之故。

往往在打七領眾修行時，我反而能夠把握到靜修的時間。因爲在課程中，其他的外務都拋開，專心在領眾修行上，故就在共修的機緣中，把自己融入用功。

而這個情況對我來說是很重要的。如果在期間我能把工夫做得好，就直接或間接的影響了接下去的日子，使我能以較好的修養境界應對種種事務，因此我很珍惜這些共修的課程。

也許自己本身在投入佛教事業之前，在靜修方面也算下了一點工夫，雖然平時心較散，或事太忙未能專注用功，但一有機會收攝身心用功時，還是用得上的。

因此每次打七時，我都會有幾支香，坐得不錯，乃至達到相當安定的狀況，身心處於平和、專注、喜悅、充實的境界。不過要使這種情況經常發生倒還不容易。如果我是學員，當然就可以放心，放下眾緣用功，但我得負責指導與照顧禪眾用功，就不能那麼投入了。在課程中還得應付其他的工作，最重要的當然就是領眾了。

還好的是，現在課程已較上軌道，助手或護七人員也能幫上更多的忙，減少了外務的負擔。少操心，便能多專心，故還有機會使自己把工夫用得較好，眞是要感謝種種的因緣。

如果我們認爲人生是一個心智成長的過程，而我們的修養應隨著歲月增長而提昇，在種種外務繁忙之時，我們是否能做到，或懂得在此中應用一些善巧，使自己能夠進行或完成人生的這個心智成長過程？

一九九二年十月三十日・怡保

般若之岩

喜歡般若岩的環境。岩是依一座小山而建，內有小岩洞，依此而建了一個佛堂，再向上建一個宿舍，並延伸而有禪堂、齋堂等設備。儼然一個設備相當齊全的道場。除了沒有電流供應而需以發電機供電以外，其他大都具備了。周圍又多見樹木林蔭，綠的一片。而且岩避開了塵囂，卻又有路通達，交通還算方便卻又有著距離。因此在此打七辦課程，或者靜修，頗爲方便。

在般若岩已經主持過三個靜七，將來相信還會繼續借用來主辦活動，或者自己也來靜住幾天。岩的住持繼隆法師是我的師兄，爲人隨和大方，向他商借道場十分簡單，只需告知活動時間，只要沒有其他活動重疊，不必什麼手續，時間到了，他就會慷慨地將整個道場借出，自己則雲遊他方，若當時有其他外地到來掛單之僧眾，他也帶他

們到他處去，以方便借用者能完全應用。

當然還會有三兩位住眾留下，幫忙一些日常工作，如發動發電機、看管道場等。這也增加借用者要應用一些設備時的方便，但又不干擾到活動的進行。在這裡打了幾次七，我們都如同在自己的空間一樣方便，使靜七順利進行。而我也因此隔絕生活，能專心主持，並且在課程進行時，因沒有外界的活動而自己多用上一些工夫，並有時間寫點東西。

這裡氣候也相當涼爽，若是雨天或陰天，更是清涼，在此打坐，不覺悶熱，不必用風扇，是靜坐的理想環境。只是附近有養豬場，上午有豬叫聲及抽水機聲，偶爾飄來一陣的「糞香」，在幽靜中有了那麼一點的不協調，但似也為一個小點綴，正反映了世間的必然不完美，明於此心即釋然！

一九九二年十月三十一日・般若岩

觀世自在

一花一世界

有的人看到一朵花，就可以寫出一章美麗的詩篇；有的人則會寫出感性的散文。

有的人送一朵花給心愛的人，表達情意；有的人送一束花給逝去的親友，表示悼念。

有的人看到美麗的花就採下來，玩過了就拋掉；有的人則會蹲在路旁或溝邊，欣賞一朵小花，而花去了一個下午。

有的人爲了獵取花兒綻放的風姿，花了幾天，把鏡頭對準那朵花；有的人爲了比花嬌，也可能是要與花相映紅，把自己也一起獵進鏡頭裡。

有的人看到了凋落的花而哭濕了手巾；有的人則說：落紅不是無情物，化作春泥更護花。

有的人喜歡自然生長的花或野花；有的人則用溫室，用種種方法及研究來「改良」花的品種。

有的人供一朵鮮花予心目中的神明或佛菩薩而感到無限的歡喜；有的人則從供桌上枯萎的花朵中體會了無常的道理。

有的人因花而感懷身世，有的人則從一朵花看到一個世界，或看到花的世界……

當一朵花映入眼中，您看到什麼呢？

一九九一年六月三十一日・檳城

心靜自涼

靜坐片刻，覺得身心比較舒適了一些。

近日來，天氣悶熱，雖然偶爾也吹吹風，下陣雨，但對於氣候，似乎沒有多大的改善，依然是令人煩躁。

應該是人類太多的核爆試驗，能源消耗，生態被破壞及種種污染，已使我們生存的大地及其周圍受到破壞性的傷害，使氣候也因此而提高其熱度。

風扇似乎愈來愈沒有多大用途了；冷氣機的應用，對臭氣層的破洞，有直接的影響。用，是短暫的解除熱氣，卻帶來更多的破壞；不用，則當下便難受熱浪沖襲了。

也許當人們過於依賴現代科技及物質文明時，便已爲這些危機與威脅種下了惡因。只是人們缺少了一份警覺，或知而不能抑止，如飲鴆止渴也。

這是人類文明的後果。人類的文化本因人類之需要而有，也爲解決人類之問題而開展；但其發展卻也同時爲人類帶來更多的問題，乃至舊問題未解決，新的問題又出現了。

其實人類的許多問題源自內心及人類本身。如果解決問題的方法還是從外去尋求，而不回過頭來看看，看自己本身，觀自己內心，去找出問題的根源；那麼仍然是捨本逐末，問題還是懸而未決的。

心靜自然涼，沒有靜下來的人，是不能明白的。

人若不從內心的鬥爭種子去斷根，再多的文化型態，再多的發明，仍然把人類帶往戰爭的路上，仍然會造成自然生態的破壞，滅亡的陰影總是存在的。

人是否要自救呢？

一九九二年四月二十二日・檳城

可有可無

由於職責關係，有時候需要主持會議。有一次在參加一個以往由我主持，現在由他人主持的會議時，發現到原來，這個會議不由我主持，也照樣可以進行順利的。

人往往都會自視過高，乃至高估了自己的重要性。這其實也是人的苦惱來源之一。

當我們覺得自己都重要時，就會希望他人也如此重視我們，不只是重視我們的存在，還要尊重我們的重要性。一旦發覺有人不那樣對待時，如果有權力或力量者，就會對付他，沒有力量者，就只好生氣或憤怒了。

懷才不遇者，也未嘗不是如此。過度評估自己的才華，受到冷落時，就鬱鬱寡歡或憤世嫉俗，若有幾分力量者，說不定還要搞抗議示

威呢！

也有一些人常以爲在團體裡，少了他就不行了；而也偏偏有團員或理事也以爲如此，故數十年「坐鎮一方」，不肯下台，或他人不讓他下台。也許要做到死方才罷休吧？這兩種人的心態都是錯誤，而且可憐的。因爲這只有使團體會務停滯不前，而更嚴重的導致後繼無人的危機。

人是會老化的，不論是生理、心理或思想，二十年前的社會與現今不同，二十年前的社團組織法與活動也與現在的不同，老化的身心與思想趕不上時代，早早退休，讓年輕一代的領袖接班，以新的方式、新的思想來改進會務，才是運作團體的正確方法。

華人社團，佛教團體的「家長制」，「老領袖不可取代觀念」應拋棄了，否則華團與佛團不止在原地踏步，還會被時代淘汰或拋在後頭的。

記住：一個人的身心與貢獻是不可被取代的，但一個人的職務與位置，是隨時應被取代的。一個人只有意識到他是「可有可無」的時候，才是一個眞正的、成熟的領袖。

一九九二年五月六日・檳城

傻瓜

生活營漸漸地趨向尾聲，籌委、輔導員及學員已呈現了疲態。多日以來的緊湊（但不一定緊張）生活，應用的時間緊緊排著，間中甚少有休息的空檔，人的精力再好，也還是要累的。

但缺少了這些因素，生活營或其他的活動，就不存在了。他們是組成的必須條件，而在工作的重量上，籌委自然是最重的，一項活動是否順利進行，相當大的因素來自籌委，而在我們的社會上，這些籌委大多數皆為義務人員，他們所付出的，又是那麼多，也因此才使活動能進行而至完成。

每次在主持課程或參與活動時，看到籌委們在忙的時候，尤其至深夜而不眠，務必把工作完成的精神，或雖處疲累狀況，卻因要使工作順利進行而強撐的情況，都使我感動而感謝的。

雖然一些比較精於計算，整天為自私利益打算的聰明人看來，這些義工都是傻瓜，放著休閒安逸的日子不過，偏偏去找辛勞來折磨自己；放著賺錢的時間不用，卻做那麼多沒有酬勞，反而還要倒貼的工作，眞是笨得「不可思議」！

這些太聰明的人當然永遠也想不通這個道理，而社會上許多事業，尤其是文化與宗教等事業的成就，就是靠了一群又一群的傻瓜做出來的，而他們在文化與宗教的傳承工作上，扮演著一定的重要性，而聰明人正在此遮蔭下享受安逸的日子，若還不知感恩，更潑冷水的話，那他的生存與否，對社會與他本身已經失去了意義。如果社會上充斥太多這類沒意義的人的話，就是一個沒有意義的社會了！

願我們的社會充滿意義。

一九九二年六月十八日・山城

加一點冷靜

大專佛青生活營結束後，我應邀為大專生活營講一堂課。題目並未定名，但內容是關於戀愛與婚姻方面的。

記得幾年前，我曾應某編者之邀請出席一個「加料婚姻」的座談會，座談會的記錄發表後有人認為編者請一位出家人談婚姻問題是不當的。現在我卻直接向大專青年談戀愛與婚姻，如果為此人所知，恐怕又要批評我這個塵僧「紅塵心未了」吧？

其實以一個出家人的角度看戀愛與婚姻，也有一定的意義的。雖然出家人不再涉入這個圈子，但以圈外人來看圈內事，說不定還可以看到圈內人看不到的一些情況。如果提供意見給圈裡的人，也有一定的作用，不是嗎？

而我本身有時也竟然會成為學生或信徒在這方面的諮詢，幫他們

分析一些有關的問題。有時雖然不能直接提供協助，但讓他們冷靜下來，也是好的。而當有學生提出出家或結婚之選擇時，即使此人出家意念頗強，我還是把二者的長短處分析清楚，俾使他在做抉擇時，會看得比較全面，對抉擇及未來的路途有更好的心理準備。

當然有時候實際的情況只有當事人本身最清楚，感受最深切，局外人也許只能當個諮詢，切勿牽涉進入這個圈子裡，否則可能眞的是「幫忙」——愈幫愈忙！

感情有時眞的是不可理喻的，如果在感情奔放、狂熱時，簡直是無法想像什麼事不會發生。因此熱戀中的人兒，可以把理智丟在一旁，等到感情冷卻下來，才發現以前以爲那麼眞實的，卻都是假象，後悔不及，補救無從，面對了繼續在一起，抑是分手的痛苦抉擇。

加一點冷靜、理智在熱情奔放的戀愛中吧！

一九九二年六月三十日・檳城

禮籃原理

記得有一回與學生談論婚姻問題時，有一個已婚的學生在他短短的婚姻生活中，竟然經歷了成家後許多生活經驗。其中一些問題困擾著他，但他在與朋友交談中發現原本這是普遍上都會有的問題，幾乎每對夫妻都會面對生活適應上的困擾。因爲這是兩個在許多方面還需要更深一層了解並互相遷就的人，要共同生活在一起所不易避免的現象。

這個學生在此經驗中竟然悟出了一個道理來，他形容爲「禮籃原理」。意即在娶或嫁時，就如買一個禮籃。禮籃裡的貨品不全是買者想要的，但在買時，是整個買回去的，裡面的貨品不論是喜歡或不喜歡，都得接受。當然買時會注意到自己所喜歡或想買的貨品，但有時會忽略其他的，等買回去了，就歡喜的接受吧！反正都買回來了。有時是注意到不想買的，卻因無傷大雅，也就帶回去了。

結婚何嘗不是如此，當娶或嫁時，只注意到對方的優點或順意之處，往往有意或無意忽略其他的，一旦接受了，就全部包容了；或之前已注意到他的缺點或不順意的，卻認爲自己可以包容，那就接受事實了。

現代人的自我意識較強，個人主義過度高漲，因此每個人都只注重自己的感受，連婚姻也常常注入此意識，故戀愛時不去深入了解對方，只是一味地享受戀愛的甜蜜，結婚後才發覺對方不如自己所理想的，或覺得要遷就對方很累，完全以自我爲中心的生活方式，當然要使婚姻觸礁。怪對方嗎？爲什麼不怪自己選擇時眼睛不夠亮，及自我意識過度膨脹？

雙方退一步，間中的空間就大了一些；大家心胸寬一些，就把對方包容了。

一九九二年七月一日・檳城

愛身邊的人

「禮籃原理」看來似乎是消極的，其實是積極、主動的，爲尋求解決方法，而在觀念上先退一步的作法，最終是要使有問題的婚姻適當的處理。

有機會如此進行婚姻的問題，其實還是幸運的，如果他的確是與所愛的人生活在一起。對於一些無法與所愛的人在一起，又得過婚姻生活者，不是更苦惱的嗎？

遷就所愛的人，包容他，恐怕還不難。禮籃中的物品雖有一些不是喜歡的，但只是少部分的，大部分或主要的，還是自己喜歡而做的決定，以大部分或主要部分的喜歡來包容小部分的不喜歡或中性的反應，還是容易做到的。

假如環境及其他因素，逼得與心愛的人分開，又與他人結合，這

種情況，結合的人，如果自己也對他有愛只不過沒那麼深，是不幸中的大幸；假如是自己還不討厭的，也有得商量；假如是討厭的（相信現在已少有此現象了，因爲畢竟是自己的選擇），自己如果故意選擇這樣，也無話可說了。

人生數十年，說長說短，都看個人如何去看待。婚姻生活數十年，也是如此。如果積極的去看待這種生活，總是要找到幸福之道。而幸福的生活不會從天而降，一定要自已去找，去開創。但幸福的標準又不是絕對的，普遍上大家認爲如此的，未必就適合每個人，但觀念上去確定是幸福，在生活中就會找到幸福的因素了。

「不能與所愛的人在一起，就去愛在一起的人」，這是觀念的轉化。提昇，幸福就會在去愛的時刻生起，並維持下去。

一九九二年七月二日・檳城

智慧課

如果我們確定婚姻制度仍然是維繫社會制度的力量來源與倫理的根本，那麼正視這個制度是必須的。

現代社會趨向開放，人際關係也是如此，故人與人的交往頻繁，並且有機會接觸到更多人。即使結婚了，雙方都仍然有各自的生活圈子與人際交往。因此，往往有機會接觸到一些自己認爲比另一半更理想的人選；或者自己的伴侶找不到的優點，卻可以在另外的人身上找到，也許這就觸動了感情的奔放了。

保守的社會，婚姻有時是盲目的，但卻有其維繫的力量；開放的社會有了選擇，本應有更好的維繫力量。但過度開放或沒有節制的人際交往，卻可能是婚姻失敗原因。

當然，社會制度及思潮對婚姻觀念有一定的影響力，但本身對婚

姻的態度也是重要的，而此態度受家庭環境影響相當大，還包括了自己內心裡的倫理觀念，以及對社會的責任感。

《舊約聖經》中亞當與夏娃吃了智慧之果而眼睛雪亮，懂得羞恥與避諱，從文化的角度看，正說明了婚姻制度的開始。幾乎每一族群文化中都有傳說或神話，直接或間接地談到婚姻制度的開始。這標示了人類結束了禽獸繁殖後代的方式，而建立了人類社會制度的倫理關係。而此在人類文化史上跨前一大步地建立起來的制度維繫至今，是否還需要發展下去？如果沒有了這個制度，我們的社會將會如何，而倫理關係又如何確立呢？

如果我們確立這個制度仍然是必須的，那麼每個人都有責任來重建將崩潰的制度，這已不是個人或兩個人的事，而是整個社會倫理制度的責任。嚴肅、認眞去看待與處理，勿輕率或自以爲開放、進步的把社會責任抛掉，以爲是瀟灑風流！

一九九二年七月六日・檳城

茶照喝，心照開

近來因被牽連到一場風波，遇到朋友時，不論是相熟或一般的，都關心地問我近況如何。我總是對他們說：茶照喝，飯照吃，覺照睡，心照開。有時還開玩笑地加上兩句：馬照跑，舞照跳，然後哈哈地笑起來。

在人的一生中，就一般人的希望，都是要求一帆風順，無災無難地度過，當然發達、高陞，那是更好的，誰也不希望障礙重重，挫折連連的。如果又被捲入一些糾紛或風波中，身不由己的被其所轉，生活秩序顛倒或受干擾，乃至身心也因而疲累、緊張、恐懼，那更是避之唯恐不及的。

然而有些時候，我們還是免不了要面對這類問題與阻難的，再大的不願意，被捲進去了，也還是得面對、應付一番。

此時，問題便不在此類事情是如何發展，或如何影響我們的生活，而是在於我們如何去面對，並做出適當的回應。如果我們能夠更清楚事項發生的前因，或懂得從更廣的角度去觀察、分析，往往便能以冷靜的態度來處理了。

事情發生及延續著的時候，我們若只從表面的情況去看，往往會被捲入而受其刺激，干擾了我們的身心。但如果我們探入其內在的因素，並從分別相中看到其本質，便能沉下心來，讓事情隨著因緣生，也隨著因緣而滅。

如果我們再去與他人比較，就會發現到，這在當局者認爲是「大事件」的事情，也只不過是小小風波而已。隨它去，就沒問題了。

再大的風波還是要過去的，只要自己行得正站得穩，不去執著個人的得失、毀譽，風雨過去了，太陽還是會出來的。如果在風雨中，仍然能夠笑迎風雨，那才灑脫呢！

一九九二年十月二十四日・般若岩

不愛敵人

你的心中有沒有敵人，或者假想敵？

你有沒有成爲他人心中的敵人，或者假想敵？

他爲什麼會成爲你心中的敵人，或者你爲什麼會成爲他人心中的敵人？

你與他之間有什麼過節、仇恨？或者有不共戴天之仇？或者是因爲你與他信仰不同的宗教？或者你與他是不同的種族，屬於不同的國家？

或者你與他是在同一行業裡，必須鬥爭才能生存？或者是階級鬥爭的對象？或者有利害關係，有利益衝突？或者是你妒嫉他的成就，或者他眼紅你的功績？

或者你與他在同一組織中爲爭取權力而不得不對立？或者你與他

在同一個宗教集團中，爲爭取信徒，爲爭奪領導權而對抗？

或者甚至你與他是兄弟，爲了父親遺留下的財產而鬥得你死我活？或者只是一種趨勢，一種利益的驅使，導致了鬥爭的出現？或者是……

生活在這個世界上，要說沒有對立、對抗乃至鬥爭的對象，似乎是不可能的。只是有時候是主動的，有時候是被動的。但相對的世間，已經使我們難以避免這種相對現象的存在。因此問題不在於有沒有敵人，而在於如何去應對。

一般人自然是對抗、鬥爭以求得自己的生存，或以牙還牙的洩憤、報復。但一個修養好的人，卻可能以不同的方式來處理，如有些宗教徒會去「愛你的敵人」，原諒敵人。

如果是以圓融的佛法來說，是不愛敵人的，因爲心中沒有敵人。雖然在事相上，在眼前有敵人，乃至在他人心中被視爲敵人；開悟的人，卻能超然於此事相的相對而證得理性的絕對，視一切眾生爲佛、

爲聖，如此則心如虛空，空曠無恨，一切包容、對立、鬥爭也不復有作用了，心中何來敵人？

一九九二年十月二十五日・山城

感恩心

一個靜七，或一個課程，從開始籌備到進行、完成，需要具足多少條件，往往是我們會忽略的。

有些是直接而具體的，也即是我們在籌辦時，就必須即刻去設法獲得的，我們比較明顯地知道。如辦課程需要的空間，打七需要的道場。但在這具體條件的背後，又有多少我們並不知道的條件，如建道場的因緣、人事等等。我們在應用這些空間時，也許只注意到它的種種設備，設備不齊全或不符我們的需要時，我們還會怨言多多、批評多多，卻從來沒有想到要建設這樣一個空間所面對的問題、所需具足的條件。

有的參加者付出了區區報名費，就自以爲是的要環境來遷就自己、課程來俯順己意。卻不去檢討自己參加課程的動機與意義；也不去考慮籌辦者的苦心，還有其他各種條件在具足時的難處。

因此他們不會珍惜，不順意時，還會批評與生氣。這種人參加什麼課程，都不會學到東西的。只有增長自己的慢心與恚心，不能從學習中得到受用的。

其實當我們從緣起相依的眼光看待事事物物時，在我們參加任何課程的時候，我們細心地去追溯籌辦的過程，條件因緣的籌足，間中都需要多少人力、精神、時間的付出；而這種種付出，都是要成就我們參與課程，那麼，我們對於這些付出、這些因緣，除了感恩，還要抱怨什麼呢？一旦我們以感恩之心來接受課程、參與課程，不論這個課程是否辦得很好，對我們來說，已不那麼重要的；重要的是我們在感恩之際，從課程中必會有所得，至少我們會歡喜的、感激的去學習課程中的一切，自然就增長了我們的知識及修養。經常如此，自然就不斷地提昇了。

一九九二年十月二十九日・怡保

爲啥而寫

信手寫下一篇文章，也只是爲了寫，爲了把心裡一些要說的話記錄下來。

也許可以做爲傳達的作用，把一個訊息傳達給他人。也許只是一種發洩，將心緒流露，從中或者能夠得到一些回響，或幾分同情。也許只不過是把一個心路歷程筆錄下來，將來回憶時，有歷程的痕跡。也許更只是無聊的呻吟，不寫也沒關係，寫也只是增加幾張「字紙」……

有人抱著一個使命寫，要把經國大業、社會發展，乃至天下太平的藍圖、計畫、程序寫出來，讓大家都明白，乃至去進行。有人爲了人生而寫，要發揮人生意義，提昇人的素質，提高人的修養，甚至覺悟人生眞諦。有人只是爲自己寫，寫寫身邊瑣事，寫點心中不滿，發洩心裡的情緒。有人是專寫他人，寫些左鄰右舍的長長短短，寫些大人物、小人物的花邊新聞，道聽塗說，或咖啡店裡的是是非非，一方面表現自己的見聞，一方面也不妨表明自己的「正義感」。

只不過把一些符號，通過書寫工具把它給塗在紙上，就能有那樣多的花樣了。人生眞的是多姿多采，人的個性眞的是千款百樣，人心亦是無從捉摸，變化迅速。

寫的人是如此，會如此，或者與所寫的有關，與閱讀者亦有關。有這樣的事，或類似的事，才會被寫出，才會被誇張；有那樣閱讀的市場，才會有那樣的文章；有那類的作者，才會寫出或製造出那類的是非或新聞。

是這樣的複雜關係，也是這樣錯綜的因素，寫出來的是不是事實，是不是眞相；是不是已雜入主觀成見、私利我執在內？寫者要小心負責，讀者也要負責、小心！

一九九二年十一月三日・太平

參！

靜坐法門

將教了兩堂課的初級靜坐班，交代給一位學生，也即是助教去負責接下去的課程。

近年來，我已經較少負責指導初級課程了，因爲靜坐法門的推廣，隨著時間的流逝，早期學習者有一些也因學習的時日較長，在修持的經驗或靜坐知識方面，具備了指導初級課程的能力，也可以領導大眾在每週的靜坐班用功，有的還能領眾作一日或三日的靜修課程，因此我就把這類的課程交給他們負責。而隨學習的佛友的增加，他們的工作也較多了。我則以主持靜七及精進靜七的密集課程爲主，多方面互相配合，此課程才能漸漸推廣。

學習靜坐法門，如果以佛教禪定法門的立場來說，應該是在學佛了一段時日，一方面在佛法上有了正見，一方面因實踐而感到需要，

那時才來參加、學習，是比較正確而理想的。有些人士只是聽說靜坐好，也弄不清「好」的意義是什麼，對佛法也沒有認識，通過友人的介紹就來參加，參加時觀念還是模糊的，如此情況，在佛法的修學上，受用不大的。但如果從此而有機緣進一步學習佛法，也還是有意義的。

有的佛友一方面參加課程，一方面又因聽了一些似是而非的言論，心生恐懼，造成心理上的障礙。這些人不去詢問有經驗或有知識者，卻偏偏去信一些道聽塗說的言談，如此方式去學，也沒什麼大用處的，因為不敢深入也。

因此靜坐法門推廣多年，學習者也增多了一些，但能持久而深入的還是不多，不過風氣卻漸漸普遍。將來會如何發展，我心裡不去多想，只是依著本分，隨著因緣及大家的配合、大眾的需要，踏實地去推廣。

一九九二年七月十五日・檳城

山林水邊參禪去

到岩洞道場去打靜七，遠離鬧市，人聲車聲之囂鬧少多了。但因缺少電流供應，靠發電機，機聲隆隆，陣陣傳來，也算是噪音。但無可避免，又因有一小段距離，且聲音單調，還算不是很干擾，而能捨之不理。

山林水邊，都是修持靜坐禪定的好場所，接近自然，環境幽靜、清涼，使修禪者能在較好的外在條件之助緣下，把身心調好。

但要修禪，本身亦得先使生活單純。在自然的環境中，人工化的設備少，生活在文明社會者，較難適應。天氣稍熱，沒有風扇冷氣即不行，晚上少了燈光，就不易適應黑暗的周圍了。因此雖然少了喧聲干擾，卻增加了生活上的許多不便，如果不能簡化生活者，又如何把工夫用好呢？

佛制出家制度，個別之出家人生活是單純的，乃至只需生活最原始的衣食睡眠之生理需求滿足，其他的所需則可免則免，不可免則少用。如此則無論去到哪裡，都不必爲了生活中一些設備而苦惱。行頭陀者還樹下宿、塚邊眠，日中一餐，若無托鉢則野果亦可充飢。

修行者能簡化生活至此而尚且覺得自在，那不必談境界，而境界已有。現代人因生活條件複雜，科技人工化之設備太多，放捨不慣，因此修行者找道場都不易。

古代參學者參訪道場，有道有食，打死不走；有道無食，餓死心甘；無道有食，留我不住；無道無食，避之大吉。以道爲先爲重，其他爲次。

今人若有古人以道爲重之心，參學不難，成就不難矣！

一九九二年五月二十八日・般若岩

以感恩心行施

施者當然比受者有福。沒有福報，用什麼來施，沒有健康的身體，如何能捐血呢？

所以當一個人有能力布施，眞的要感恩。我們當然首先要感謝自己有福報，有健康的身體，有足夠的時間與精神去爲他人服務。這是很多人都明白的。

但從菩薩的角度去看，感恩於自己的善福是一般行布施者的心態，行菩薩道者還要感激受者。因爲若沒有受者，施者的善舉根本就無從做起。每一件善行都必須施者、受者、所施之物等因緣具足，才是完成。若有施者而無受者，因緣不具足，想行善亦不能完成。

以佛法的眼光，受者的地位與施者是平等的。若施者能了解自己的善行必須受者才能完成，故對受者感恩，就會平等去對待受者，不

以自己有福而覺得比受者高，那才算是菩薩行者。

若能把受者當成菩薩行者，為了完成眾生學佛，行菩薩道的善行，故示現為受者，那麼，在施時，更以恭敬心與感恩心去進行，更能契合常不輕菩薩的行持，視一切眾生為佛，而普遍敬禮。

故佛法把布施也稱為供養，不只是供養佛菩薩、聖人、父母師長等，乃至對一切眾生，都廣修供養，自更能明白「無緣大慈，同體大悲」那種無限廣大行的精神。那也許還不是凡夫如我等者所能實行的，但在行施時，讓我們以感恩、恭敬的心，虔誠的付出或貢獻我們所能付出與貢獻的，必定會有更深的體會。

一九九二年五月十一日・太平

吠我的狗

太平佛教會裡養有一隻狗，每次遇到我的時候，總是吠個不停。此狗是與另一夥伴一齊被帶進佛教會的，而自牠進來後，就似乎是我的「仇人」，見面分外眼紅。

牠的夥伴受牠影響，也會吠我，但卻比較膽小，我有時嚇一嚇牠，還會怕而逃避。但此狗則比較不怕，而且比較凶，雖然我嚇牠時會跑，卻一面跑一面吠。

早些時候，我也會因此生氣，總覺得很不是味道。也不知什麼時候與牠結惡緣，或者前世的怨仇吧？

有時被牠們吠得火起時，就拿了水管用水噴射牠們，想要以「高壓」的手段來對付牠們。但是無效，牠們還是狂吠不已。我也只好罷手了。

近來，大概本身也被吠慣了，有點麻木，或者年齡稍長，火氣稍減了，也就不與牠們一般見識了。

當牠在吠我時，我只是站在旁邊，看著牠。內心裡以慈悲心來對待牠，但也許自己的慈悲心不夠，還是無法制止牠的吠聲，只是吠得沒那麼凶了。

佛教會裡的佛友與一些知道此事的學生有時會笑我，說我修養不到家，「煞氣」太重，連狗都認定了要吠我。這隻狗似乎對其他人就沒有那麼大的興趣或「怨仇」，我也不明所以，也無奈地由牠去了，何況牠只是一隻畜生，就原諒牠吧！

雖然從佛法的角度來看，狗子也有佛性，但因無明等煩惱所覆而不現，故造業墮畜生道。

人雖具有較高的理智與思考能力，但與狗子的本性，是一樣的。如果具有佛性的狗因煩惱覆著而不顯現，人也一樣會因煩惱覆蓋了佛性而不顯現的。

因此人罵人與狗吠人，本質上是一樣的，如果我們連吠我們的畜生都能原諒，那就更不要計較那些罵我們的人了！

一九九二年九月二十二日・檳城

日日好日

主持靜七課程，在進行中自己也常會找時間用功，也常常會坐得相當好。

有時候某一支香坐得比較好，出靜後，再坐下一支香時，心裡就會有一種期盼，希望也能坐得那樣好，或更好。但往往這種期盼卻形成了一個較粗的妄念，結果不只無法坐得更好，或一樣好，有時還會因此而煩躁，或妄念更多。

即使沒有什麼雜念干擾自己用功，也不是每一次都能坐得安靜的。有時候也是會坐得妄念起伏不定，而使自己沒辦法繼續坐下去的。

在打七時，是比較能夠專心投入用功的，因爲這是密集的課程，籌足了許多共修的因緣。在此情況下，尚無法使自己的工夫連貫而成

片。那平常在家裡「打游擊」的用功，自然就更不易上路了。

因此在打七時，每次有機會靜坐用功時，我總是先放鬆自己的心情，以平和的心來坐。不論坐得如何，都不去計較，坐得好，不期盼下一支香也如此；坐得不好，也不抱怨什麼。每一支香都讓它是「當下」的，也就在坐時，盡量的把工夫用好。

如此用功，因沒有壓力，也沒有染著，發現到工夫更會穩定。雖然沒有求什麼，但工夫穩定的應用、進展，總還是好的。

如果我們如此去看待我們的一生，每一天都是「當下」，盡量的讓每一天都過得好。雖然每天必然會有變化，也會有好與壞交替，但對於好的，不去期盼；對於壞的也不去抱怨，只是平和地去面對，努力地去工作，日子一定會過得更安定、更充實的。日日好日。

一九九二年十月二十七日・山城

弘揚清淨法

有時候我會半自嘲半讚許地說自己「好爲人師」，意思就是喜歡講課或開示。在講課或開示時，不只是在教導他人，同時也是提昇自己的一種方法。

我講的幾乎都是佛法，清靜的佛法，縱使有時應邀講其他的課題，也還是以佛法爲中心而開講的。在講解時，我以清淨法爲主，也即是除了以清淨的佛法去教導他人，也以講解的內容來熏習自己的心，使心更與淨法相應。

世間有太多的污染，我們的心裡也有很多的煩惱、污染、邪惡的成分。外在與內心的污染相應的話，就現種種污染心、污染行，此污染一面污染內心、一面又加強了外在的污染。如此循環下去，當然是內心愈污染，外在的世間也愈污染了。

學習佛法，就是要學習淨法。佛法中有分辨染法與淨法，但卻在修持時，要我們去除染法，以淨化身心。因此修行佛法，應以清淨的法來修學。由於外在的環境有污染，內心亦有污染，如果我們沒有學習佛法、淨法，弘揚佛法、淨法，那當然就很難淨化、提昇。

因此，我們應以清淨之法來熏習，使內心淨化的作用漸漸加強，污染的作用就會減輕，污染的成分就會減少，而致於消除。所以在佛學講座中，應該是講清淨法淨化身心與世界，而不是以污染法來使世間與內心受污染，更污染。

每次講佛法，或清淨法的時候，我就會受淨法的熏習，在講過之後，內心裡會平和、歡喜、清涼。因此講佛法或開示淨法，是我的一個修持法門，從中我能學習，並獲得淨化的功用。如果弘揚佛法者都能如此明白，相信人心的淨化、世間的淨化，會更早實現吧！

一九九二年十月十九日・山城

主動性的條件

在靜七的各種因緣中，人的條件是具有最大的主動力與決定性的。

一般上我們在籌備課程的因緣時，有一些基本上是不會改變的，如道場、課程的時間表等等，但卻不能確定到來參加的行者是怎樣的素質。

雖然我們有一定的報名資格，以及錄取的準則，但報名者人數的多寡，其素質的高低，都會決定這個課程在進行中，所能達至的效果。

如果報名者眾，挑選工作必然會更嚴格；而若是報名者都是多年修持，且有一定的功力者，那麼便能在靜七中發揮較大的主動力量，使修行氣氛更能凝集。

當然，有時候修行者的信心也是重要的。如果到來參加者對課程較生疏，對主七和尚及護七都沒有足夠信心，對自己及所學的方法，也抱著懷疑或猶豫的態度，其主動力就必然地減弱，且靜不下來。

既然人是最重要的因素，那麼其他的是否就可以忽略呢？這也不然，因爲外在的條件若較好，對行者而言亦有一定的助益的。

如果環境幽靜、氣候涼爽，外在的干擾較輕，在用功時，就比較能夠收攝身心，安住在工夫上。而如果環境條件太差，就會影響禪眾的身心。

然而如果我們把握了人本身的主動性，那麼好的環境固然能助益用功，不利的環境也還是有轉化增上的可能。否則缺少了主動用功的條件，再好的環境，也是枉然的。明白於此，我們就應好好的發揮主動的條件，或者去轉化外在的不利條件，以有利我們的用功。如此則參加靜七，才有意思。

一九九二年十一月二日・太平

水漲船高

知道自己也是需要鼓勵的，但所需要的鼓勵主要並不是來自師長或同參，而是來自學生。

做為一個老師，我覺得學生的表現及用心，比起其他的力量都要來得強。如果看到學生們用功，並求上進，我就會感覺到有一股推動的力量在推動著我，使我必須去配合他們的需要而提昇。

在打七時，這種情況更為明顯。平時我總是平平淡淡，生活看起來也滿散的。打七期間，我會去適應，或隨順靜七的行者所具備的因緣，做出反應或引導。

有時候我在禪堂裡，竟然感覺不到修行的氣氛，因為行者的心都凝集不起來，氣氛鬆散，此時我的表現便會是相同的。雖然有時候自己本身在禪堂中是用得上工夫的，但在施用方法時，卻會感覺到無從

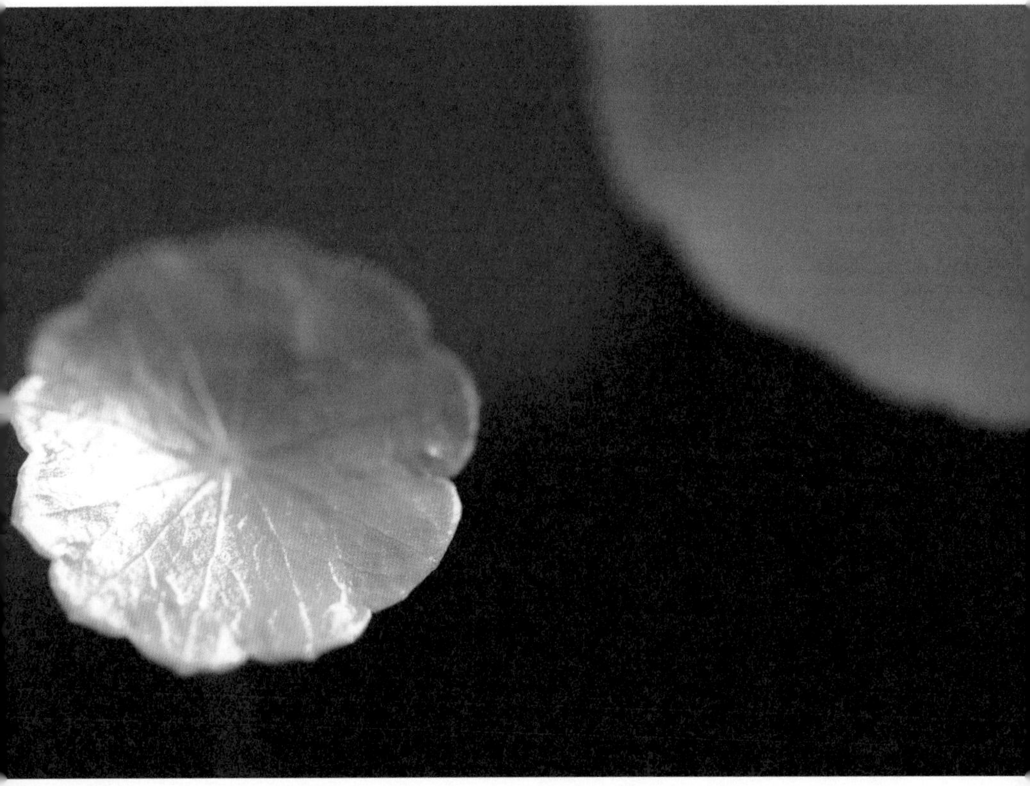

下手。

如果禪眾用功的情況良好，禪堂瀰漫著濃厚的共修氣氛，同修的凝集力強，此時縱使我本身在打七之前並未做好準備工夫，甚至身心散懈的情況，也不礙我在禪堂中應用猛烈逼拶的手段，棒喝齊施。在開示時，不論是禪堂中或課室裡，都能切中要害，恰到好處的發揮。

因此我感覺鼓勵的力量源自學生，是他們的努力及好的表現，才使我發揮自己更大的力量。所謂「水漲船高」也。水漲而船不高，即是破船了，升不上來也。

其他課程也是如此，學生程度好，我才覺得需要更深入去發揮，也才有如此力量。當然我本身的素質及程度還是有限的，只是多了幾年的功力，在某種程度上可以挑挑老師的責任，我也就這樣的挑起來了。而我這個老師做得好不好，竟然是由學生來決定的。好玩嗎？

一九九二年十一月五日・太平

簡化生活

簡單的生活，淡泊的物欲，單純的心念，專一的用心。

這應該是打七修持的寫照。

一個行者若在打七時，能有如此狀態，他若不是已經用上工夫，也必然會漸漸地把工夫用上的。

心安住於平靜的境界，其實對外緣，包括了身體的攀著，是會減輕的。自然的就不會需求太多或過量，也就容易無求。

在密集課程中，由於課程的設計與安排，在外在的條件上，都會盡量地使它符合淡泊、簡單的要求。這無非是要使行者減少對它的攀附，而能收攝身心於應用的工夫上。

但外在因緣的具足，行者在適合修行的環境之中，是否一定用得上力，那就得看內在的條件了。因此在修禪法門的指導中，告訴行

者必須除了簡化生活，也應使內心的煩惱減少其活動的作用；對於物欲，也應淡化對它的需求。如此在日常生活中用心，在打七時，因煩惱而干擾，因物欲而衝動的心理就會減輕，內在的修持條件就會比較有力，而能較好的用功。

在用功時，如果明確地掌握了修行目標與觀念，亦清楚而正確地把握了方法，那麼，捨下萬緣，在外在已簡化的環境及內心適合修行的狀態中，必能專一地去用功。工夫也就很容易上路了。

工夫一上路，身心處於輕安、平和的境界，對於一切自然就無所欲求，卻仍然能夠充實與滿足。於是便不會爲了私利的追求，以及我愛的貪戀而造業，而使煩惱衝動。生活雖然簡單、少欲，卻是自在、充實與喜悅的。

我們是否在追求這樣的生活呢？

一九九二年十一月六日・雨城

水到渠成

有的同學打坐時用不上工夫，而覺得難過及疑惑；有的同學工夫用上了，也苦惱與難過。因爲他們覺得自己的工夫只停留在一個階段，不能再深入。

這些同學有的會對方法失去興趣或信心，或坐在那邊自艾自怨的。其實他們都犯上了相同的毛病：急進。

心會如此急功，也許是因爲對自己太有信心，以爲憑自己這樣的材料，沒有理由用不上工夫的；或者說自己已經用了那麼多年的工夫，也有小成，沒有理由不再深入的。有的也不是對自己有什麼信心，只是一味著急功，想快點有成就，或「出人頭地」。

這些人如果不能在工夫上用好，又沒有在觀念上糾正，很快就會退失信心，或者走「捷徑」，找「速成班」去了。

其實他們都在修行觀念上犯了一個錯見，而這個錯見是不明顯的，所以他們沒有覺察到。他們是對「如是因、如是果」的基本道理沒有掌握好，或者在修行時忽略了它。

因果定律是公平的，對修行者更爲明顯。修行者想得「如是果」，就必須具足「如是因」。此因緣條件包括了各方面的，有外在與內在的。如果無法證得某一境界，那只是一個簡單的道理：還沒有具足證此境的因緣條件。這時，急是急不來的，而且對行者而言，急的念頭是很大的修行障礙，愈急則愈用不上工夫的。

明白而且確定因果的必然性，用不上工夫，或工夫不再深入，不必難過或急躁的，只需把當下已有的工夫紮穩，再專心地用功，捨下求得的妄念，只是驀直地向前，水到自然渠成，具足了如是因，如果是必然顯現！

一九九二年十一月七日・太平

世間淨化

雖然人人心中都有一片淨土，我們也可以安住在這片樂土中，以清淨心來看外面污濁世界，而不受其污染。

然而這只是個人的境界而已，雖然隨著心淨，他的世界也是清淨的，但這一片淨土卻是唯心的，是他自己擁有的，只有他安住其中，其他眾生則無緣分享。

唯心淨土只屬於自己，卻饒益不到其他眾生，除非他將這一片淨土由內而外，使此淨化由個人而及於其他人，甚至淨化這個世間。

佛法的淨化工作應該是如此的，大乘佛教慈悲充分地發揮這種精神，比起個人究竟淨化的工作來說，這是一份更爲神聖的任務，也是釋尊降生世間最重要的意義。

然而這一精神雖由釋迦充分流露，卻仍因爲時空環境及思潮背景的局限，並未能完全實現於人世間，尤其一些學佛的弟子，更沒有眞正契合這種精神，故淨化眾生、淨化世間的工作，沒有充分發揮。

佛經中有談到其他佛國淨土，都是國土淨化、眾生淨化，也即是所謂物質文明與精神文明高度淨化的國度。但這是由佛與菩薩，以及住此國土的眾生共同願力所成就，所莊嚴的。

釋尊卻發願在此濁土廣度眾生，而從釋尊的教法中，暢談十方淨土，並指導眾生往生之法。但實際上，實現人間淨土才是釋尊本懷，雖然這是艱鉅而長遠的工作，卻是身爲佛弟子應明白的。從此理解中，對個人淨化乃至眾生淨化、國土淨化的任務，才能發起大願，逐步去進行、完成。

一九九二年十一月十六日・太平

清淨法界

有清淨的因清淨的緣才有清淨的果。

諸法本性清淨，在眾生而稱佛性，在一切存在則爲法性。此清淨法性非佛作，非餘人作，本來如此，必然如此，普遍如此。

眾生於此清淨法界之不覺，於空寂法性不悟，卻執著種種因緣和合之假相爲實，因而造業。輪迴生死，流轉苦海。

若能悟入此清淨佛性則能解脫生死、圓滿一切功德。

佛悟清淨心而開示於眾生，先覺覺後覺，眾生依此清淨心修而能證清淨法性，淨化身心，莊嚴淨土。

佛性清淨卻於污染之世間中，正如蓮花於淤泥中，但不失其清淨之本性，乃至以其清淨美化，淨化世間。

學佛者爲悟入清淨佛性而修學，並發願自淨淨他，淨化國土。

從一人淨而人人淨，從人人淨而國土淨，從國土淨而世界淨，從世界淨而法界淨。

此即由點而線，由線而面，由面而體的淨化過程，亦即是佛出現世間之本懷。

由清淨之因漸漸成熟清淨之果，由個人而法界，才圓滿了整個清淨的過程。這需每個個人去淨化為基因，才能達成的果報。

因此佛法的最高圓滿之境乃法界圓融，事事無礙之淨化，經中稱以華藏世界。

由雜染之花花世界而到畢竟清淨之華藏世界，其基本因素在於個人的淨化，因此我們每一個個人的淨化，都是清淨法界早日實現的因緣，願我們都珍惜這一份分清淨因，並使其成熟為果！

一九九二年十一月十五日・太平

國家圖書館出版品預行編目資料

花花世界／釋繼程著；鄧博仁攝影. -- 初版.
-- 臺北市：法鼓文化，2009.02
面；　公分. --(琉璃文學；14)

ISBN 978-957-598-451-9（平裝）

224.517　　97025173

琉璃文學 14

花花世界

著　　者／釋繼程
攝　　影／鄧博仁
出 版 者／法鼓文化事業股份有限公司
編輯總監／釋果賢
主　　編／陳重光
責任編輯／李金瑛
美術設計／陳淑瑩
地　　址／台北市北投區公館路186號5樓
電　　話／(02)2893-4646　傳真／(02)2896-0731
網　　址／http://www.ddc.com.tw
E-mail／market@ddc.com.tw
讀者服務專線／(02)2896-1600
初版一刷／2009年2月
建議售價／新台幣320元
郵撥帳號／50013371
戶　　名／財團法人法鼓山文教基金會—法鼓文化
北美經銷處／紐約東初禪寺
Chan Meditation Center (New York, U.S.A.)
Tel／(718)592-6593　Fax／(718)592-0717

法鼓文化